フレッシュ中小企業診断士による

# 合格・資格活用の秘訣 II

### 小林 勇治 [編著]
Yuji Kobayashi

同友館

# はじめに

　5年前、中小企業診断士（以後、「診断士」）が取得したいビジネス関連資格のトップになった（2016年1月12日付け日本経済新聞）。また、診断士の資格保有者は2020年4月1日現在で27,000名強と、過去10年間で4割強増加した。この人気の背景には、会社員が抱く将来不安や、自己実現・差別的優位性を確保したい気持ちがあるのかもしれない。今や、過去のように終身雇用の保証はなく、一流企業のパナソニックやソニーでもリストラが平然と行われる時代になった。

　日本は世界有数の長寿国になり、令和元年簡易生命表によると、65歳時の平均余命は、男性19.83歳、女性24.63歳となっている。リンダ・グラットンは、「2007年に日本で生まれた子どもの半分は、107年以上生きることが予想されている。今50歳未満の日本人は、100年以上生きる時代、すなわち100年ライフを過ごすつもりでいたほうがいい」と言っている。政府も100年ライフを前提とした生き方を提唱している。定年後の長い将来に不安を持つ人や、輝かしいビジネスライフを過ごしたいと考えている人が、診断士の資格に興味を持ち、多くの受験者を集めているのかもしれない。

　一方、AIが盛んに導入され、士業にも代替えの危機が来ているといわれている。日経新聞2017年9月25日付け日本経済新聞によれば、AIによる代替え可能性は行政書士93.1%、税理士92.5%、弁理士92.1%等に対し、診断士は0.2%とされている。これは診断士に対して、激しく変化する外部環境・内部環境等に即した中小企業支援が求められることに他ならない。診断士は、AIでも代替えできない有望資格といえるのである。

　その試験についてみてみると、2020年度の1次試験の申込者数は20,169名であったが、受験者は11,785名で、前年比2,906名の減少であった。今回、こ

のように受験者が減少したのは、コロナ禍の関係で試し受験が減ったためだと推測される。また、合格者数5,005名、合格率42.5%と、かなり合格率は高くなった。2次試験は、受験者数が6,388名、合格者は1,175名で、合格率は18.4%であった。1次、2次を合わせると、7.8%の合格率となる。例年の4%前後からすると高めであったが、合格者たちはこの難関試験にどのように挑み、合格したのか、また合格後、どのように資格を活かしているのだろうか。

　本書は、主に2020年4月に診断士登録を済ませたフレッシュ診断士研究会56名の会員のうち有志25名+編著者1名が中心となり、これから受験する人のために、自身の受験動機や勉強内容とそのポイント、資格活用の秘訣をお伝えするものである。

　序章では診断士制度の仕組みを解説し、第1章で各会員の受験動機、第2章で1次試験、第3章で2次試験合格のノウハウを紹介している。続く第4章では登録養成課程、第5章では資格活用についての体験談を紹介し、最後の第6章ではアンケート調査からフレッシュ診断士の横顔を分析した。

　第6章ではさらに、彼らの診断士としての要素整備度から、年収を予測算出している。ただし、これは現在の実力を示したものであり、資格取得後、要素整備度を上げることによって、年収を増加させることは可能である。要素整備が低い人たちには、研鑽を積んでいくことによって、要素整備度を高め、徐々に年収を増加させることが期待される。資格取得後も知識・経験の研鑽をしていくことが必要であると気づいてほしい。

　編著者の小林は、先輩診断士としてフレッシュ診断士の研修と実務開業を支援し、1989年、社団法人中小企業診断協会東京支部中央支会（現・東京都中小企業診断士協会中央支部）の認定研究会として「診断士大学（のちに、フレッシュ診断士研究会に名称変更）」という1年コースの研究会を結成した。30期生までの累計卒業生は1,395名で、東京都中小企業診断士協会会員4,343名（2020年3月31日現在）のうち32.1%がフレッシュ診断士研究会の卒業生

である。皆さんがこの資格を取って協会に参加される日を心から歓迎し、お待ちしたい。

　本書の執筆者は全員この研究会の 31 期生で、診断士としてはまだ研鑽中の身であるが、診断士を志す後輩のために真実を伝えようという意欲は高いので、この意向をお汲み取りの上、読んでいただきたい。

2021 年 3 月

編著者　小林勇治

# ●目　次●

## 序章

# 中小企業診断士制度の仕組み

# 資格制度と中小企業診断士登録までの道のり

## （1）中小企業診断士とは

　皆さんは「中小企業診断士」（以下、「診断士」）にどのようなイメージをお持ちだろうか。「中小企業の経営を診断する人」、「名前は聞いたことはあるが…」、「それって何？」など、さまざまな方がおられると思う。

　診断士は、経営コンサルタントに関する唯一の国家資格であり、経済産業大臣が登録する。登録とは、中小企業者に対し適切な経営診断や経営に関する助言をする専門家として登録簿に名前が記載されることである。名前は官報にも掲載され、2019 年 4 月 1 日時点で約 27,000 人の診断士が登録されている。

　診断士の主な業務は、企業の成長戦略策定やその実行のためのアドバイスであり、中小企業と行政・金融機関等をつなぐパイプ役、中小企業施策の適切な活用支援、民間の経営コンサルティングまで、幅広い活動が求められる。

　そのため、診断士には経営資源（ヒト、モノ、カネ、情報）に関する横断的な知識、助言力などが必要となり、試験ではこれらの能力が総合的に問われる（**図表序-1-1**）。

　診断士としての活動の場は多岐にわたり、独立のコンサルタントとして活動される方はもちろん、企業内で活動されている方も多い。また、診断士は中小企業のみに対応していると思われがちであるが、個人事業主、中小企業から大企業まで幅広く対応している。

　このように診断士の資格を活かす場は限りなく広がっており、診断士を目指す理由もそれぞれである。詳細は、第 1 章をご一読いただきたい。

　現在のコロナ禍のような時代にこそ、診断士がその能力を活かし、さまざまな場面で活躍すべきである。

図表序-1-1　診断士試験制度の全体像

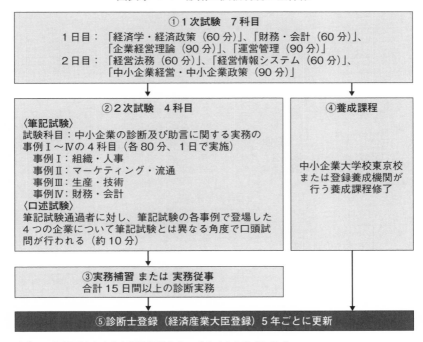

① 1 次試験　7 科目

1 日目：「経済学・経済政策（60 分）」、「財務・会計（60 分）」、
　　　　「企業経営理論（90 分）」、「運営管理（90 分）」
2 日目：「経営法務（60 分）」、「経営情報システム（60 分）」、
　　　　「中小企業経営・中小企業政策（90 分）」

② 2 次試験　4 科目

〈筆記試験〉
試験科目：中小企業の診断及び助言に関する実務の
事例Ⅰ～Ⅳの 4 科目（各 80 分、1 日で実施）
　事例Ⅰ：組織・人事
　事例Ⅱ：マーケティング・流通
　事例Ⅲ：生産・技術
　事例Ⅳ：財務・会計
〈口述試験〉
筆記試験通過者に対し、筆記試験の各事例で登場した
4 つの企業について筆記試験とは異なる角度で口頭試
問が行われる（約 10 分）

④ 養成課程

中小企業大学校東京校
または登録養成機関が
行う養成課程修了

③ 実務補習 または 実務従事
合計 15 日間以上の診断実務

⑤ 診断士登録（経済産業大臣登録）5 年ごとに更新

出典：一般社団法人中小企業診断協会ウェブサイトを参考に作成

## （2）診断士登録までの道のり

　診断士になるためには、まず 1 次試験に合格しなくてはならない。その後は 2
通りのルートがある。2 次試験に合格した上で、合計 15 日間の実務補習または
実務従事を行うか、養成機関が実施する養成課程を修了するかのいずれかを経る
ことで、診断士に登録される（図表序-1-2）。

### ① 1 次試験

　1 次試験は、診断士になるのに必要な学識を有しているかどうかを判定するこ
とを目的として、企業経営に関する 7 科目（各 100 点、合計 700 点）について、
マークシートの択一方式で実施される。試験は例年 8 月上旬の土曜日・日曜日の

図表序-1-2　診断士登録・独立開業までの王道

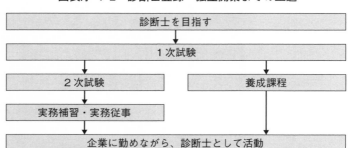

・研究会、寄稿、講師業などを通して業界に顔を売る
・企業での実務や副業を通じて、自分の強みを生かして戦える市場を探す

（収入源を確保）

独立開業

・取引先との顧問契約
・ビジネス書出版

2日間で実施され、9月上旬に合格発表が行われる。合格基準は、「総点数の60%以上」かつ「1科目でも満点の40%未満がないこと」である。

2006年度から2019年度までの受験者数（実際に受験した人数）は14,000人前後、合格率は20%前後で推移している（**図表序-1-3**）。

また、1次試験には科目免除制度がある（**図表序-1-4**）。過年度に「満点の60%以上」を取るか、当該科目に関連する資格等（たとえば「財務・会計」なら、公認会計士や税理士等の資格）を有していれば、その科目の受験を免れることが可能である。

なお、どのように試験対策をすればいいかは、第2章をご一読いただきたい。

### ②2次試験

2次試験は、診断士になるのに必要な応用能力を有しているかどうかを判定することを目的に、診断及び助言に関する能力について、実務の事例を通じた筆記試験と口述試験が実施される。

### 図表序-1-3　1次試験合格率の推移

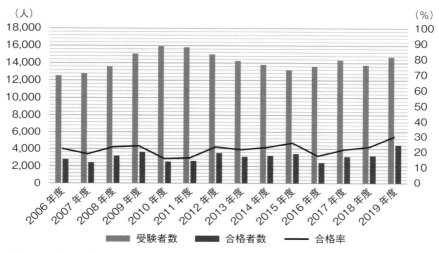

出典：一般社団法人中小企業診断協会ウェブサイトを参考に作成

### 図表序-1-4　1次試験科目免除制度の詳細

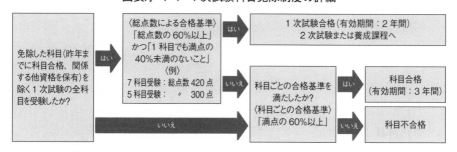

出典：一般社団法人中小企業診断協会ウェブサイトを参考に作成

　例年、筆記試験が10月中旬または下旬の日曜日に、口述試験が12月中旬の日曜日にそれぞれ行われる。筆記試験の合格基準は1次試験と同様で、「総点数の60%以上」かつ「1科目でも満点の40%未満がないこと」である。口述試験は「評定が60%以上」が基準となる。

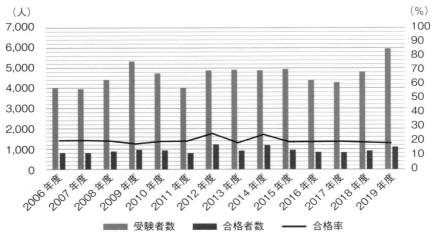

図表序-1-5　2次試験合格率の推移

出典：一般社団法人中小企業診断協会ウェブサイトを参考に作成

　2006年度から2019年度までの受験者数（実際に受験した人数）は4,600人前後、合格率は20％前後で推移している（**図表序-1-5**）。

　以上より、1次試験、2次試験を突破する合格率は4％前後となり、難易度の高い試験となっている。特に2次試験は正解が公表されないため、さまざまな勉強方法があるといえる。ただし、あくまで合格者の勉強法を参考にすべきだと思う。どのような試験対策があるかは、第3章をご一読いただきたい。

### ③実務補習・実務従事

　2次試験合格者は、3年以内に実務補習を15日以上受けるか、診断実務に15日以上従事することにより、診断士としての登録を受けることができる。実務補習と実務従事の違いは、**図表序-1-6**のとおりである。

### ④養成課程

　1次試験合格者が、2次試験や実務補習・実務従事を経るかわりに、養成課程実施機関である中小企業大学校東京校や民間の登録養成課程実施機関が開設して

図表序-1-6　実務補習と実務従事

| タイプ | 日数 | 概要 | 主催元 |
|---|---|---|---|
| 実務補習 | 合計 15 日 | １グループ６名以内で編成し、指導員の指導のもと、３企業に対して、経営診断と助言（現場診断・調査・資料分析・診断報告書の作成・報告会）を行う（実務従事の機会がない方に機会を提供する）。 | 中小企業診断協会等の登録実務補習機関 |
| 実務従事 | | コンサルティング会社に勤務したり、民間企業の実務従事サービスを利用したりして、経営診断や助言を行う。 | 営利団体など |

図表序-1-7　養成課程・登録養成課程一覧

| 養成課程実施機関中小企業大学校東京校 | https://www.smrj.go.jp/institute/tokyo/index.html |
|---|---|
| **登録養成課程実施機関**法政大学 | http://www.im.i.hosei.ac.jp/ |
| 日本生産性本部 | http://consul.jpc-net.jp/mc/kouza/shindanshi/index.html |
| 株式会社日本マンパワー | http://www.nipponmanpower.co.jp/ |
| 栗本学園（名古屋商科大学） | http://mba.nucba.ac.jp/ |
| 中部産業連盟 | http://www.chusanren.or.jp/ |
| 東洋大学 | https://www.toyo.ac.jp/ja-JP/academics/gs/mba/finance/ |
| 千葉学園（千葉商科大学） | https://www.cuc.ac.jp/dpt_grad_sch/graduate_sch/master_prog/smec/index.html |
| 兵庫県立大学 | http://www.u-hyogo.ac.jp/mba/ |
| 城西国際大学 | https://www.jiu.ac.jp/graduate/management/smec/ |
| 福岡県中小企業診断士協会 | https://smec-yousei.jp/ |
| 札幌商工会議所 | https://shindanshi-yousei.jp/ |
| 日本工業大学 | https://mot.nit.ac.jp/course/enterprises/katei |
| 大阪経済大学 | http://www.osaka-ue.ac.jp/life/chushoukigyoushindanshi/ |

出典：中小企業庁ウェブサイト

いる養成課程を修了することで、診断士の登録要件を満たすこともできる。

　養成課程に応募できるのは、過去２年間の１次試験合格者であり、２次試験受験後でも応募できる。**図表序-1-7**は、養成課程を開設している団体の一覧である。全日制の６ヵ月コース、平日夜間と土日による１年コース、土日が中心の２

年コース、MBA（経営学修士）を同時取得できるコース等、団体によってさまざまなカリキュラムが存在し、自身のニーズに合う団体を選択することができる。ただし、いずれの団体にしても、学費が高額（200万円前後）なことには注意すべきである。

　なお、第4章に、養成課程出身者が体験談を寄せているので、ご一読いただきたい。

## （3）資格更新

　診断士は永続的資格ではなく、5年ごとに更新が必要となる。資格更新には、「専門知識補充要件」、「実務要件」の2つを満たす必要がある。

### ①専門知識補充要件

　「理論政策更新（理論政策）研修」、「論文審査合格」、「理論政策更新（理論政策）研修講師」のいずれかを5回以上重ねることが必要となる。

### ②実務要件

　「診断助言業務等に従事」、「実務補習を受講」、「実習、実務補習を指導」のいずれかを合計30日以上行うことが必要となる。

## 序-2
# 中小企業診断士の実像

## （1）診断士は稼げるのか

　中小企業診断士を目指す方の多くは、はじめに「診断士は稼げるのか」という疑問を抱かれるのではないだろうか。**図表序-2-1** は、コンサルタント業務（講演や執筆等含む）を年 100 日以上実施している診断士の年間売上を調査したものである（回答者数 552 人）。

　調査結果は、「501〜1,000 万円」が 35％、「1,001〜1,500 万円」が 19％、「1,501〜2,000 万円」が 9％ となっている。民間の平均給与が約 440 万円（国税庁「平成 30 年分民間給与実態統計調査」）であり、一概に比較できないが、診断士は稼げるといえるのではないだろうか。さらに少数であるが、「3,001 万円以上」という診断士も存在するので、やり方や能力、熱意次第では大いに稼げる可能性を秘めている。

### 図表序-2-1　コンサルティング業務の年間売上

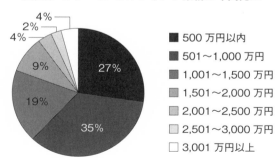

出典：中小企業診断協会「データでみる中小企業診断士
　　　（2016 年版）」より作成

## （2）どんな仕事をするのか

### ①仕事の内容

診断士の仕事は、一般に「診る」、「書く」、「話す」の3要素で語られる。これらについて、具体的な内容をご紹介する。

#### a. 診る：コンサルティング

コンサルティング業務には、「経営革新・経営改善支援」、「事業再生支援」、「販路拡大・販促支援」、「補助金申請支援」、「創業支援」などがある。企業の財務分析、外部環境分析、内部環境分析を行い、問題、強み、機会などを抽出して経営課題を明確にし、解決方針・具体策の作成、事業計画作成などを行うスキルが必要となる。「IT構築支援」などのより専門分野に特化したスキルが必要になる支援もある。都道府県や商工会議所等での経営相談も重要な仕事である。

#### b. 書く：執筆

業界紙、ビジネス誌、専門誌への寄稿や専門書の共著から入ることが多い。経験や実績を積むにつれ、自分の得意分野や専門分野でオリジナルの考え方やツールなどを単著として発表することもできる。これら執筆を通して世間の評価が高まり、コンサルティング業務につながるケースも少なくない。執筆に当たっては、足を使った取材による情報収集は鮮度や厚みがあり、ネット情報との差別化ができるので有効である。

#### c. 話す：講師

全国の商工会議所等で行われる各種セミナー、企業向け研修などがある。内容は時事ネタを扱うことが多く、最近では働き方改革、新型コロナ対策でのテレワークのやり方などが多くみられる。講師依頼を受けるには、主催者が依頼したくなる企画書の作成や受講者を満足させる内容の他に、話し方のスキルが必要であり、診断士協会の研究会などで話し方の訓練をすることも有効である。

### ②公的業務と民間業務

診断士の仕事には、公的業務と民間業務がある。**図表序-2-2**は、それらの売

図表序-2-2　公的業務・民間業務の売上に占める割合

出典：中小企業診断協会「データでみる中小企業診断士（2016年版）」より作成

上に占める割合を調査した結果である（回答者数 1,213 人）。「公的業務がかなり高い（29%）」と「民間業務がかなり高い（42%）」に 2 極化している。

　公的業務には、都道府県や商工会議所等などから依頼される専門家派遣や相談員などの業務があり、経営コンサルタントの国家資格である診断士の活躍の場となっている。一方、民間業務は報酬の面でメリットがあり、最初は公的業務で実績を積み、評価が高まると民間業務をメインにする診断士も多い。

## （3）仕事の報酬

　公的業務と民間業務の仕事の報酬はどれくらいだろうか。図表序-2-3 は売上に占める「公的業務がかなり高い」診断士と「民間業務がかなり高い」診断士に

図表序-2-3　公的業務・民間業務ごとの業務の報酬

| | 公的業務平均 | 民間業務平均 |
|---|---|---|
| 診断業務 | 47.5 千円／日 | 105.2 千円／日 |
| 経営指導 | 37.9 千円／日 | 110.1 千円／日 |
| 講演・教育訓練 | 51.7 千円／日 | 125.0 千円／日 |
| 原稿執筆 | 6.8 千円／枚（400 字） | 8.5 千円／枚（400 字） |

出典：中小企業診断協会「データでみる中小企業診断士（2016年版）」より作成

対し、代表的な仕事の報酬を調査したものである。全体的には、民間業務が公的業務よりも高めとなっている。その分、民間業務のほうが結果をよりシビアに評価される。

## (4) 仕事を受けるには

診断士の仕事の多くは、紹介によるものである。信用が重んじられるため、飛び込み営業で仕事を受けるのは難しい。紹介の経由としては、「中小企業支援機関・商工団体などからの紹介」、「顧問先企業からの紹介」、「同業者からの紹介」、「各県などの診断士協会からの紹介」などがある。特にスタートアップ時は、さまざまなチャネルにアクセスし、信頼関係を構築することが必要である。

大事なのは、「良い仕事をする」ことである。評価が高まれば、顧客が顧客を紹介してくれるようになる。自分の売り込みだけでは信じてもらえなくても、顧客間の紹介なら信じてもらえるものである。商工会議所等の団体では、1ヵ所での良い評価が、他の商工会議所等の紹介につながることもある。

著書の配布も強力な営業ツールであり、特に公的機関は実績を重視するので積極的に活用することが望ましい。

## (5) 企業内診断士と独立診断士

診断士は、独立して活動する独立診断士と企業や団体等に勤めている企業内診断士に分かれる。**図表序-2-4** に示すとおり、独立診断士は半数弱、企業内診断士は約半数と少し多い状況である。

企業内診断士は、「副業が認められない」、「時間がない」ことが活動の大きな制約であったが、最近は急に変わりつつある。

副業については、昨今の働き方改革の進展により認められる企業も増えてきている。時間については、最近の新型コロナ対策でテレワークが普及したことにより、顧客とのやり取りをオンラインで行うケースも増えており、時間に制約のある企業内診断士にも有利な環境になっている。

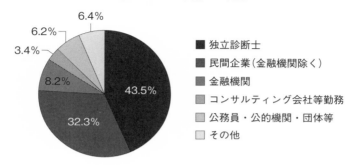

図表序-2-4　診断士の職業

6.4%
6.2%
3.4%
8.2%
43.5%
32.3%

■ 独立診断士
■ 民間企業（金融機関除く）
■ 金融機関
■ コンサルティング会社等勤務
■ 公務員・公的機関・団体等
□ その他

出典：中小企業診断協会「データでみる中小企業診断士（2016年版）」より
　　　作成

　企業内診断士のコンサルタント活動の範囲がますます広がっていくことが想定
され、今後診断士の資格取得を考えている方には追い風となるだろう。

# 第1章

私はこうして
中小企業診断士を目指した

# 幅広いキャリアを活かす道を探し
# 中小企業診断士にたどり着いた

## （1）社内転職的キャリアの積み上げ

　私は、国立大学の工学部機械工学科を 1983 年春に卒業して、外資系の大手メーカーに入社した。当時、この会社はイノベーションによりユニークな製品を生み出し市場に導入すること、そしてソリューション提案により顧客の課題解決をサポートすることを行っていた。

　このような企業文化とグローバルな企業環境の中で、入社後は意図したわけではないが、約 35 年間の会社勤務で社内転職的にさまざまな職種とビジネスの対象業種を経験することができたのは、診断士となった今振り返ってみて、大変、貴重であったと考える。

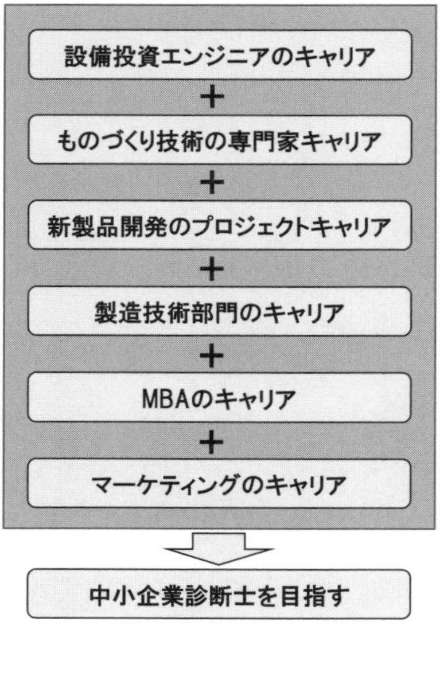

　会社勤務の前半は、技術側でエンジニアとして従事した。ものづくり製造技術の専門家として、社内へ技術支援をする実務経験を積むことができた。その後、勤めながら MBA を取得したのを機に、医療機器の事業部に異動した。ここでは、事業戦略や、B2B と B2C マーケティングの戦略立案と実施、プロモーション活動など多岐な業務を自ら実践するとともに、組織をリードする経験が積めた。

　しかしながら、2016 年頃から持病の腰痛が重症化してしまい、ひどい時は数分も立っていられない状態となり、さす

**図表 1-1-1　キャリアの変遷**

設備投資エンジニアのキャリア
＋
ものづくり技術の専門家キャリア
＋
新製品開発のプロジェクトキャリア
＋
製造技術部門のキャリア
＋
MBAのキャリア
＋
マーケティングのキャリア
↓
中小企業診断士を目指す

がに心が折れた。2017 年に退社する決断をし、中小企業診断士を目指すこととなった。

## （2）製造技術エンジニアから開発の専門技術者へ

　1983 年 4 月に入社してからの約 6 年間は、設備エンジニアとして、製造ラインの設備投資業務や製造の改善業務などを実施した。主な経験としては、製造全般における工程改善、原価低減、品質向上に加え、設備投資計画の立案と実施から生産性向上および製造関連の経営改善などについて、支援と推進をした。

　その後、1989 年 8 月からの約 6 年間は、プロセス技術エンジニアで「ものづくり技術の専門家」として、精密加工、成形加工、撹拌、分散、濾過、精密塗布、乾燥などの技術について、社内および外注先となる社外の中小企業に対して、技術指導と改善活動の支援を実施した。

## （3）1 度目の大きな気づき（挫折からの学び）

　1995 年 8 月からの約 12 年半の間は、新規事業プロジェクトにて、新製品開発のプロジェクトマネジャとして、これまでにない革新的ものづくり工程の開発、これを用いた新製品開発からその量産工程開発、大手家電メーカーとの開発連携およびビジネスプラン構築サポートに就き、新規事業のビジネス化の推進に取り組んだ。

　終盤に市場環境の大きな変化が生じたことで、プロジェクトは完了に至らなかったのが心残りであった。プロジェクトを閉じる際に、これまでの膨大な資料を、長い時間をかけて、自らシュレッダーにかけている時の悔しさは、今も忘れられない。

　2008 年 4 月からの約 1 年半の間は、工業材料の製造部門にて、製造技術マネジャとして、携帯電話製品の厳しい要求を満たす精密加工の量産ラインの確立に関わった。生産性向上、コスト・品質・納期の改善、製造技術向上、製造チーム活動などを経験した。診断士として中小企業を支援する際に役立つ PDCA によ

る改善業務、欠陥低減、製造原価低減、短納期対応など、多くを実践することができた。

　ここまでの技術側でのキャリアでは、技術的に成功し素晴らしい評価を得られるものでも、有効なビジネスプランが描けなかったことで、事業化に至らない多くのケースを経験した。この体験より、自らビジネスに関する能力を身につける必要があると痛感し、MBA取得にチャレンジすることにした。

## （4）転機（MBA取得により技術側からビジネス側へ）

　働きながら取得が可能なオーストラリアの大学のMBA（経営学修士）コースに入学した。約2年間、仕事と勉強のタイムマネジメントで苦労をしたが、2010年に無事卒業することができた。

　これが社内で役に立ち、この時の念願であった技術側からビジネス側のマーケティング業務への社内転職的な異動の機会を作り出すことになった。

　診断士となって振り返ってみると、MBA取得における経験と知識は、診断士の資格取得やその後の独立診断士の活動に大きく役立っている。特に、自ら課題を解決して成果を生み出す必要がある場合に、非常に役立つものであると感じている。

## （5）マーケターとしてのキャリア

　2009年8月からの約8年間は、医療用製品に関するマーケティング部のマネジャを経験した。新しい医療機器の企画・開発業務をプロジェクトリーダーとして自ら実践するとともに、組織をリードして、多くの医療機器を日本市場に導入した。

　病院、医師や看護師、医療系卸企業などとの関わり、B2BとB2Cマーケティングの戦略立案と実施、インターネットを活用したプロモーションや顧客情報収集と分析、新規医療機器の開発と市場導入、学会展示活動など、多岐にわたることに取り組んだ。この結果、成熟し長年停滞市場であった既存製品ビジネスの売

上向上が実現できた。

　現在、診断士として役立つ貴重な経験となっているのは、成長戦略、ブランディング戦略、新製品パイプライン策定、市場調査、広告宣伝、ホームページ改修、E-コマース立ち上げ、販売チャネル対策、営業部の販売促進の活動支援など、多くのことに実践的に取り組めたことである。加えて、プロジェクトリーダーとなり、マーケティング部門・開発部門・薬事部門・製造部門・品質管理部門などを取りまとめてチームを推進したことは、診断士として中小企業内に入り込んで支援活動を推進するのに大いに役立っている。

## (6) 2度目の大きな気づき（健康の大切さと本当にやりたかったこと）

### ①退職にともなう気づきの機会

　ここまでのハードワークによるものと思うが、腰痛が持病となり、1年半ほどの間我慢して働いていたが、とうとう痛みと痺れで数分間も立っていられなくなった。約1時間半の通勤時間中、ラッシュで混み合った電車内で座れない場合、数回しゃがみ込みながら会社へ通っていた。当然、仕事への集中も欠き、パフォーマンス低下を実感した。そんな限界的な状況であったため、早期退職を決断して、2017年6月に会社を辞めることにした。

　退職をする際に、まわりの人から、「次は何をするの」との質問を受け、まだ何もプランがないことに気づき、あわてて自分の気持ちと向き合うことになった。そこで、「自分がやりたかったこと」、「自分の興味があること」、「自分ができること」、「自分の強みとなるもの」など、改めて自己分析と棚卸しを行ってみた。

### ②自分の「引き出し」の棚卸しから診断士を目指す

　約25年間のものづくり技術の専門家としての経験と、約8年間のマーケターの経験により、思っていた以上に多様な「引き出し」があることに気づくことができた。製品開発と工程開発、設備投資計画と実施、製品製造、マーケティング活動までの「一貫した支援ができる」ことが自分の強みになると期待して、それ

を最大限に活かす道として、診断士の資格を取って、独立開業を目指すことに想いがたどり着いた。

　当初は腰痛に苦しみながら勉強する日々であったが、毎日の長時間通勤がなくなり、仕事のストレスもなくなったことで、徐々に腰痛が改善してきたのは幸いであった。約1年の勉強期間中に、ファイナンシャルプランナー（AFP）の資格も取得し、2018年9月には診断士1次試験にもどうにか合格することができた。

## （7）高い実践力を身につけた診断士を目指して

### ①実践力を高める取り組み

　1次試験の勉強と並行して2次試験の勉強もしていたが、できるだけ早く独立開業するために実践力を身につけたいと考えて、1次試験合格後、すぐに養成課程を選択し、直後の2018年10月から受講した。

　活躍されているプロのコンサルタントを間近で見て、実力を実感して学ぶことができれば、自分が独立診断士として目指すレベルが明確になると期待した。そのため、プロの経営コンサルタントが講師を務める日本生産性本部の診断士コースを選んだ。講師から直に、独立診断士として真に役立つ実践能力を鍛えていただいたことに感謝している。

　深く現場に密着して状況を理解し、それに基づいて分析と課題抽出を行うことの大切さを学び、実践できたことは貴重な体験であり、独立診断士となった現在の自信にもなっている。「認定経営コンサルタント」の資格も取得でき、経営コンサルティング業務の基礎的実践力は、ひと通り身につけることができたように感じている。

### ②実績と専門性の明確化

　診断士活動を始めてから、派遣機関において選定してもらうためには、自らの専門性や強みを活かして「何ができるか」について、他の専門家との明確な違いを打ち出すことが必要であると実感した。先輩の診断士が、「専門となる柱を持つこと」、「何ができるのかわかりやすく表現すること」が大切だと話していたこ

とを思い返した。

　何か秀でた攻めの領域を備えることで、多くの専門家の中から選出され、やっと案件マッチングに至ると痛感する。私の場合、専門性と多岐の分野にわたる実践的な経験を差別化ポイントとして明確化し、相手にわかりやすく伝えるように心がけている。

　現状で複数の民間企業との支援契約が獲得できているのは、「棚卸し」をした実務経験に裏打ちされた自身の専門性の高い分野に関連する案件となっていることに気づく。

　専門的な業務経験が有効であるとともに、「真の現場経験に根ざし、深いレベルの実態がわかっているな」と認知させる話ができること、加えて、中小企業が自ら取り組み活動できるように、指導して伴走支援をする実践能力と推進経験が大切とも感じている。

### ③診断士としての「あるべき姿」を目指して

　診断士となり、社会、経営者、診断士仲間など、私を取り巻く人々へ恩返しのような気持ちで貢献する意識が強く生まれてきた。今では、自分が教えられることや支援できることがあれば、出し惜しみしないように率先して取り組むように心がけている。この姿勢を継続してきた結果、自分自身が大きく成長できたと実感している。今後もこれを実践していくことで、自分にとって次の新たなものが見えてくるとも考えている。

　これから数年間は、診断士として自身の「あるべき姿」を見据えて、一歩一歩、近づいていけるように活動したい。高得点が取れる「攻めの専門領域」を持ち、その上で「広い守備領域」を備えた診断士となり、確実に成果を出しつつ、自身の専門分野においては大きく高度な案件にも対応できるような独立診断士を、当面の「あるべき姿」として目指していきたい。

　このための実績を積むアウトプット活動と、さらに能力を磨き補強するインプット活動を、ともに計画的に行っていきたいと考えている。

# 人生 100 年時代、「主体的に働ける力」を身につけたい

## （1）会社に依存しない生き方を模索して

### ①急速な社会の変化に危機感を覚える

　昨今の社会は、少子高齢化や急速な技術革新により、変化が一層激しくなっている。IoT、AI、ビッグデータ、ロボットなどを中心とした「第4次産業革命」に注目が集まり、将来の予測がつかない「VUCA（Volatility：変動性、Uncertainty：不確実性、Complexity：複雑性、Ambiguity：曖昧性）の時代」とも称されるようになった。多かれ少なかれ、ビジネスパーソンなら誰しもがその変化を感じていると思う。

　私自身、想像以上に速い変化を感じて、自分の将来に漠然とした不安を覚えていた。就活時に人気だった有名企業が倒産するのを目の当たりにし、「どんなに有名で大きな企業であっても、永続が約束されているわけではない」という当たり前の現実を再認識させられることがたびたびあった。

### ②主体的に、長く、楽しく働くための手段を探す

　そんな中で巡り合った1冊の本が、リンダ・グラットンの『LIFE SHIFT（ライフ・シフト）』（東洋経済新報社）である。

　技術が急速に進化しているだけではなく、「長寿命化」という変化によって「人生100年時代」に突入しており、人間はより長い時間を生きていかなければならない。長寿命化自体は喜ばしいことだが、長く生きるためには、それだけお金も必要になる。長寿命化と同時に、社会が急速に変化していることも踏まえると、「学生→仕事→老後」の3つのステージに明確に区切られていた時代はもう終わりを迎える。『LIFE SHIFT』を読んで、そういった現実を強く認識させられた。

『LIFE SHIFT』の内容すべてに共感を覚えるかどうかは別にして、これからは、できる限り長く働き、社会保障に頼らず自分で稼いでいける力が必要な時代になっていくと考えるのが自然だろう。その結果として、スキルや人脈をアップデートできるよう、複数のキャリアを持つことがこれまで以上に求められ、社会人の学び直しも必須となるはずだ。「学生→仕事→老後」の３つのステージから、より複雑なマルチステージ型の生き方への転換を模索していく必要がある。

　私が定年間近であれば、この生き方の変化をそこまで深刻に捉えなかったかもしれないが、まだ30歳を過ぎたばかりで、「大企業に入れば安泰」、「終身雇用が当たり前」という時代ではないという現実からは逃れられそうもなかった。

　会社に依存せず、主体的に、長く、楽しく働くためにはどうすればいいか、変化の激しい社会に貢献し続けていくためにはどうすればいいか。会社の中を見て懸命に働くだけでは足りず、もっと外に目を向けて、広く社会を意識しながら自

### 図表 1-2-1　これから起こると考えられる社会の変化

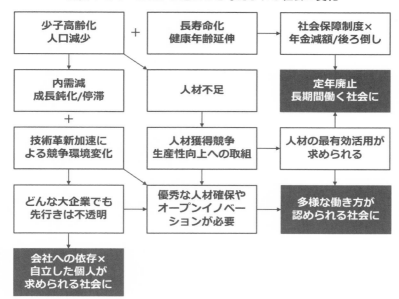

身のスキルアップを図る必要があるだろう。

　そのための手段を探し始めたのが、「中小企業診断士」という資格に巡り合う
きっかけとなった。

## (2) ビジネスの現場で磨ける資格を探して診断士にたどり着く
### ①変化に対応できるビジネスパーソンを目指す

　「人生 100 年時代」に対応するためには、ビジネスパーソンとして常にスキル
をアップデートし続けなければならない。どうすればそれが実現できるのかを考
えた時に、真っ先に思いついたのが転職だった。会社を変え、職を変えることに
よって、自身の幅を広げられると考えたのである。

　しかし、新卒で入った会社に愛着があり、一緒に働く仲間や携わっている仕事
が好きだった私にとって、転職という選択肢は現実的ではなかった。むしろ、
「今の勤務先に貢献し続けるために、社会の変化に対応できるビジネスパーソン
でありたい」という思いの方が強かった。

　もちろん、大企業に入っただけで安泰だと考え、その環境に甘えてしまうとい
う意味合いでの「就社」は望ましいことではないと思う。会社に依存してしまう
ことで自分の可能性を狭めるだけではなく、会社に対して徐々に貢献できなくな
るリスクもあるだろう。

　ただ、転職をせず 1 つの会社で働き続けることが、必ずしも依存することにつ
ながるわけではないだろうし、社会の変化に対応し続けられるかどうかは自分の
取り組み方次第だとも考えていた。

### ②研鑽の場の豊富さに魅力を感じて診断士を志す

　そこで、転職しなくてもビジネススキル向上を推し進められる方法を模索し
た。候補となったのが、大人の学び直しとして定番の「資格の取得」だった。勉
強を通じて知識が得られるだけでなく、学びが「資格」というわかりやすい形で
残るため、モチベーションも維持しやすい。

　資格であれば何でもいいわけではなく、「ビジネスパーソンとしての継続的な

図表1-2-2　中小企業診断士の魅力

資格勉強時の魅力　　　　　　　　資格取得後の魅力

| ビジネス全般の知識が広く学べる | 暗記だけでなく知識の活用も必要 | 資格取得後の活動の場が幅広い |

成長につながる資格」という観点で最適な資格を探した。その結果、「ビジネス全般の知識が広く学べる」、「知識を暗記するだけではなく、それをどう活用するかも問われる」、「資格を取得した後の活動が盛んである」などの点で、中小企業診断士が魅力的に映った。

特に、「資格を取得した後の活動が盛んである」というポイントは非常に意味があると思った。学んだことを机上の空論で終わらせず、実践を通して磨き、定着させることができる。さらに、診断士としての活動を積み重ねることで、その時の社会に求められるスキルを自然と身につけ、時代に合った変化を自身に起こすことができる可能性も高くなる。診断士同士は横のつながりが強く、研究会などを通じて学び合う場が豊富に用意されているのも有意義だと感じた。

さらに調べていくうちに、実際に企業に勤めながらも外部で診断士として活躍されている方がいると知ったことが決め手となり、「体系的な学び」と「実践」を通してビジネス基礎力を身につけることを目的に、中小企業診断士を目指すことにした。

## （3）考える力をつけるために独学を貫く

診断士試験に挑戦することを決めたとはいえ、調べれば調べるほど、その難易度の高さに何度もあきらめそうになった。社会人になってから、ここまで1つの試験に時間をかけて向き合ったことはない。仕事をしながら勉強時間を確保できるのか、1次試験7科目をすべて突破できるのか、最初は自信も持てなかった。

合格を目指す上で一番効率良い方法は、受験予備校に行くことだと今でも思う。診断士試験を知り尽くした先生方が作ったカリキュラムに沿って勉強していけば、自ずと合格も近づくだろう。

　ただ、当時考えていたのは、勉強の段階からビジネス基礎力を磨くためにも、勉強の方法やスケジュール作成について、自分で試行錯誤してみようということだった。受験予備校に頼らず独学を貫くことで、「段取り力＝ゴールまでの道順を自身で考え構築する力」を鍛えることができるのではと思ったのだ。

　学生ではないので、毎日、勉強だけできるわけではない。仕事が忙しい日もあれば、休日は家族との時間も大切にしたい。仕事に支障が出ないよう、また家族に甘えすぎないよう配慮しながら、合格のためのスケジュールを整えていった。スケジュール通りに進めることは難しく、実際には何度も再調整する必要が生じたが、それも含めて「段取り力」を鍛える練習になったと思う。

　1度目の1次試験は、日程が弟の結婚式と被るというハプニングもあったが、科目合格制度を有効活用し、翌年に1次試験に合格。その年の2次試験にも、「段取り力」を駆使して合格することができた。結果的には、独学を通して養えたものは多かったし、自信にもつながったと思っている。

## （4）会社員×複業診断士としてキャリアを拓く

### ①診断士が活躍できるフィールドは想像以上に広い

　診断士試験に合格した後は、当初想定していた以上に世界が変わった印象がある。診断士は、資格を取得した後の活動の場、自己研鑽の場が非常に豊富だ。多様な業界・職種の人たちと研究会で知識をアップデートし合い、実務補習や実務従事、中小企業に対する各種の経営支援を通じて、現場で使えるビジネス基礎力を磨くことができる。

　私の場合、勤務先から複業（副業）の許可を得ることができたため、会社に勤めながら「複業診断士」として活動している。2020年に診断士登録をしてから半年の間に、経営支援や新規事業の立ち上げサポート、ブランディングのお手伝

い、SNS マーケティングの支援、補助金の申請支援や事務局業務、テレビから
の取材、業界誌・ビジネス系オウンドメディアでの執筆など、想像以上に幅広い
仕事に携わることができた。どの仕事も診断士になるまでは縁のなかったもの
で、企業勤めでもここまで広く活動できる機会があるのかと驚いたほどだ。

　特に、新規事業の立ち上げやブランディングなど、今まで経験したことのない
仕事にチャレンジできたのは、本当に貴重な機会だったと思う。強く求めていた
「実践を通してスキルアップできる場」であり、未経験の仕事でも支援先企業と
一緒に考え抜くことで成果を出せたことは、自信にもつながった。

### ②人生 100 年時代を複業診断士として生きていく

　複業を行うにあたっては、「複業を始めてからパフォーマンスが落ちた」と思
われないよう、勤務先での仕事もこれまで以上に力を入れて行う必要があった
し、引き続き家族との時間も確保したかったため、診断士として活動できる時間
に限りはあった。そんな環境下でも十分に幅広い活動が実現できたこと、診断士
活動の積み重ねを通じて社会の変化にも対応していけると思えたことは大きな収
穫だった。

　今後も複業診断士として、研修や研究会を通じた「体系的な学び」や「診断士
同士の横のつながりの構築」、企業支援を通じた「実践によるビジネススキルの
定着と向上」を積極的に図っていきたいと思っている。

　冒頭でも述べた通り、これからの「VUCA の時代」、「人生 100 年時代」にお
いては、勤務先に依存するのではなく、主体的にキャリアを考え、個として自立
していくことが強く求められる。中小企業診断士は、スキルのアップデートや複
層的なキャリア構築、人とのつながりの多様化が実現しやすいため、これからの
時代に非常にフィットした資格だと思う。

　将来への不安を抱えている人、主体的に仕事を楽しみたい人、実践的な学びを
深めたい人は、ぜひ一度、診断士資格の取得を検討してみてはいかがだろうか。
私自身が経験したような、想像以上の変化がきっとあるに違いない。

## 1-3

# 三重苦の末に破綻…何が足らなかったのか
# 自分へのリベンジのために

### （1）出向先倒産を経験して目覚める

　ある日突然、勤務先が倒産……まさかのことが起こった。資金手当てをしていたはずなのに、である。安定した大企業の金融機関から取引先の中小企業に出向して6年9ヵ月後の出来事であった。

　この間、いったい何が起こっていたのか。なぜ、会社は破綻してしまったのか。こうした疑問がしばらく心の中でくすぶっていたが、時が経ち、冷静さを取り戻す中で、自分を含め経営陣に足らなかったものを探ってみたいと思い始めたのである。

　それが、「中小企業診断士」資格挑戦への1つの動機づけになったことは間違いない。そこで、この間の私の至らない経験を語ることで、これから試験にチャレンジする方々が、診断士として進むべき道を考える一助になればと思い、筆を執ることにした。

### （2）金融機関から中小企業へ出向し、三重苦を経験

　出向者としての自分の立場は、①財務経理責任者、その後②総務人事責任者兼務執行役員、さらに③月1回の出張による中国合弁会社総経理兼務となった。人手不足気味の中小企業では、何かと兼務は増えていくものである。

　出向先は女性用内衣メーカーで、量販店をはじめ専門店・通販等幅広い販路を持つ業歴60年超の同族企業である。独自の開発技術を用いた製品を強みに、業界でもいち早く中国に進出、現地企業と合弁工場を設立した。

　そして、技術指導に注力し信頼関係を築いた上で、現地の安くて豊富な労働力を活かした高品質製品を生産、輸出させることで、日本の親会社は多大な先行メ

リットを享受していた。

### ①第１の苦：業績悪化による資金調達を巡る金融機関との板挟み

　しかし、その後、技術を模倣した大企業も中国での大規模な生産を始めたため、先行メリットは失われ、競争力は低下、業績も悪化してきた。

　ただ、当時は社内での危機感は乏しく、長年の成功体験にこだわり続けたことで、その深刻さに気づくのは遅れてしまっていた。その結果、取引金融機関や商社等から厳しく指摘されるまで対策らしい対策はしていなかった。

　加えて、主力金融機関から出向者を受け入れていることで、出向者が常に資金のパイプ役としての役割を果たすものと期待し、必要以上に安心感を抱いてしまっていたのである。

　ここに、金融機関と会社の間に立ち、両者の厳しい監視を感じながらも、常に友好な関係を維持するために、対立する利害の調整を図らなければならない苦しい板挟みの１つが始まった。

### ②第２の苦：経営陣と従業員、新旧経営陣間の対立を巡る板挟み

　その後、業績悪化と債権者交渉不調の動きは従業員に知られ、一部の従業員が会社の将来に不安を感じ始めていた。そこに給与や人員の削減の動きがあり、生活への不安を感じた従業員が個人で加盟できる地域の労働組合に駆け込み、実態説明と処遇に関する条件要求をしてきたのである。

　若い社長は妥協せず、交渉は平行線をたどった。納得できない従業員は仕事に集中できず、また、社長も顧問弁護士との相談に時間を費やすなど、経営状態はますます不安定になっていった。

　さらに、こうした事態を重くみた大株主の会長（前社長）が社長の経営批判を始めたことで、新旧社長間の対立が表面化してきたのである。社外への顕在化を回避すべく仲介を取り持つことになるが、同族内の感情のもつれも加わり、渦中に巻き込まれて両者の調整に翻弄させられることになった。

### ③第３の苦：営業政策の違いと債権回収を巡る合弁会社との板挟み

　業績悪化に歯止めをかけたい親会社は、合弁会社への仕入単価引下げ要求を強

図表1-3-1　出向者の立場と三重苦の構図

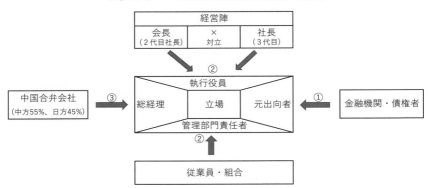

化していったが難航した。逆に、安い日本向けの輸出より市場が拡大している中国国内向け販売（以下、内販）の方が利益にもつながることから、中国側出資者（以下、中方）は内販を強化していくことを企図していた。合弁会社の総経理として収益責任を負う立場から、この方針に逆らうことはできない。

　しかし、一方で親会社の執行役員として親会社の窮状を見過ごすわけにもいかなかった。親会社も日本側出資者（以下、日方）の立場を優先するように強い働きかけをしてきた。ここでも、中方と日方の間に立って、両者の面子を維持しながら落としどころを模索する場面が多くなっていった。

　さらに、親会社の窮状が中方にも知れるにつれ、輸出代金の早期回収要求が強まってきた。また、実態についても出張の都度、問い詰めてきたが、親会社の経営者は窮状についてコメントすることを好しとしなかった。

　この姿勢は、合弁先だけでなく、すべての債権者に対しても同様であった。社内外とも情報管理が厳しくなり、秘密主義が徹底されていったのである。

## （3）自己破産という最悪の経営破綻を経験

　この間、社長は再建に向けたスポンサー探しに奔走していた。当社の中国ビジネスを高く評価し、関心を寄せる同業他社が多くあったからである。

　そのため、いずれは有力先傘下で再建されるものと信じて、あらゆる延命策を講じて資金を引っ張ってきたのだが、提携交渉は実は難航していた。

　結局、すべての努力は実を結ばず、業績悪化にも歯止めがかからず、リーマンショック翌年に手形不渡りを出し、社長自ら自己破産を申請したのである。

　こうして多方面に迷惑をかけたまま、創業70年を前にした老舗企業はあっけなく幕を閉じた。そして、私の三重苦も消えていったのである。

## （4）何が足らなかったのか、その要因と教訓を振り返る

　冷静に振り返ると、出向当時は、社長（後の会長）は職人気質ながら優れた技術力と先見の明による早くからの中国進出で、生産面は盤石であった。

　また、後継者の若き専務（後の社長）は社交性があり弁舌力も高く、強気で営業部門を仕切っていた。ただ、気位も高かった。そして、各部門の従業員の潜在能力は十分にある等、全体の体制は安定していたはずであった。

### ①過去の成功体験に安住、環境変化への対応が遅れ、経営戦略が不在

　本来ならば、業況低下兆候時点で環境変化への現状分析、問題点と課題の抽出、対応策の策定等、戦略を見直す行動を取るべきであった。そして、策定した経営戦略を踏まえた事業計画と実行計画を作成、全社員と共有化して、危機感と一体感を持って難局に臨むべきであっただろう。

　しかし、変化を嫌い、過去の栄光にこだわり、組織慣性のままに従来の延長線上で利益なき売上拡大戦略を続けたことで、限られた経営資源を分散させてしまったのである。そして、過去の強みが弱みに変化していたことにも気づかず、不毛な価格競争を繰り返し、体力を消耗していった。

### ②目先の資金繰りと財務リストラに没頭、マネジメントとマーケティングが不在

　急速な業績悪化は資金繰りを直撃し、自分を含めた経営陣の関心も金融機関等の大口債権者への弁明と資金交渉に傾倒していった。そして、日繰り表を毎日更新しながら、綱渡りのような資金繰り作業に労力を費やしていった。

　時には実態のない怪しいノンバンクに頼りそうになる等、何でもありの金繰り

でリスク感覚は麻痺していた。まさに、"貧すれば鈍す"である。

そこには、理念・ビジョンをはじめとして全社的な経営戦略、それに基づく組織・人事やマーケティング、生産の機能別戦略もなく、そして残念なことに誰もそのマネジメントの必要性に気づいていなかった、いや知らなかったのかもしれない。

財務戦略が重要であることは疑いようがない。そのお陰で、ずいぶん長期間にわたって会社が存続できたことも事実である。しかし、財務リストラだけでは企業は再生できないのである。

### ③経営者の人望と、従業員を大切にする姿勢が不在

窮地に陥った時の経営者の姿勢は見られているものである。窮状を全従業員に説明し、改革の決意を表明、その上で理解と協力を求め、全社一丸となって乗り越えていくことが、本来あるべき姿のはずである。

しかし、若い社長は、従業員と向き合うことなく、安易にも知人のコンサルタント会社に頼ってしまった。そして、ドライなリストラ案を進めようとしたことで失望を招き、結集すべき人心の離反が一挙に進んでしまったのである。


## (5) 診断士の試験制度に教訓を発見

その後、転職を重ねて定年を控え、長い会社員生活を振り返り、頭の片隅にある倒産劇のモヤモヤを払拭したい思いに駆られた時に、ふと目にしたのが大手予備校の中小企業診断士資格試験講座のパンフレットであった。

特に、2次試験の4科目中1つでも基準未達があれば不合格という建て付けは、財務が満点でも他で未達があれば、経営そのものができていないと言われているようだった。当時に当てはめれば、十分過ぎる財務リストラで時間稼ぎしている間に、他の3機能の立直しをすべきだったと気づかされたのだ。

この発見が自分に足らなかったものを認識させ、資格取得挑戦への大きな動機となり、診断士資格を今までの集大成的な資格と思わせたのである。

その後、試験合格まで数年間を費やしたが、予備校での学習は学生時代とは違

図表 1-3-2　2次試験科目的視点からみた当時の不足項目と教訓等（財務は除く）

| 不足項目 | | | 破綻当時の不足点・問題点 | 受験を通して得た教訓と方策等 |
|---|---|---|---|---|
| 経営戦略 | 環境分析 | | 未実施 | 強み等の確認（SWOT 分析、VC 分析） |
| | 全社（成長）戦略 | | 成り行き | ・基本的な方向性の確認<br>　（ドメインの（再）定義→成長ベクトル）<br>・経営資源配分の確認（PPM） |
| | 事業（競争）戦略 | | 成り行き | ・大手との競争回避、競合との競争優位の<br>　確認（ニッチ戦略、差別化戦略）<br>・シナジー発揮 |
| 組織・人事 | 組織3要素 | ・共通目的<br>・コミュニケーション<br>・貢献意欲 | ・経営目標・実績非開示<br>・全社員参加、部門横断<br>　会議等未実施<br>・希薄 | ・情報開示し経営実態把握の上、目標共有化<br>・全体会議等計画的実施、各部門情報共有化<br>　→連帯感、一体感、健全な危機感醸成<br>・濃厚化 |
| | 組織風土 | | 現状維持、組織慣性 | 現状打破、組織活性化 |
| | 人事運営管理<br>（評価制度等） | | ・一方方向<br>・フィードバックなし | ・双方向化<br>・フィードバック実施→意欲と能力の向上 |
| マーケティング | ・ターゲット<br>・製品品揃え<br>・チャネル | | ・全世代向け<br>・総花的<br>・広範囲 | 特定の世代・品揃え・チャネルへの絞り込み<br>（STP＋4P、ABC 分析→選択と集中） |
| | ・価格設定 | | 原価志向価格（採算↓） | 需要志向価格（採算↑）、高付加価値化 |
| 生産 | 生産管理 | | ・成り行き<br>・納期遅延多発（経費↑） | ・計画と統制<br>・納期遵守（経費↓） |

う新鮮味があった。過去のさまざまな実務経験を思い出しながら、「ああ、そういうことだったのか」と腹落ちすることが実に多くあったからだ。

　数回の不合格通知もショックであったが、試行錯誤の機会を得て、全体最適な知識の積み重ねができ、今となってはむしろ良かったとも思う。

　そして、試験に合格して思ったのである。この数年間の受験を通して学んだ知見が当時あれば、あの不幸な破綻を少しは回避できたかもしれないと。そこで、今さらながら当時の問題点や方策等について、2次試験の視点からまとめてみたのが、図表 1-3-2 である。参考までに一覧してほしい。

## （6）今後は過去の自分へリベンジし、中小企業に貢献したい

　会社員時代は、収入のため、生活のため、会社のため等々の理由で、不条理なことも無理して自分の中で合理化してきた。

　今はどうかというと、会社のためという縛りがなくなり、物事に対して総合的・俯瞰的・客観的に眺められるようになってきた。中小企業に対しても、「真にお役に立てれば」という気持ちが強く働いてきているような気がする。

　真摯に頑張っている経営者に対し、自分が支援することで事業再生や事業承継等が可能となれば、これは過去のできなかった自分へのリベンジにもなるだろうし、リスタートにもなるだろう。

　そして、今後は、長い会社員生活の数々の苦い経験を活かしながらも、さらなる自己研鑽と実践に努めて、多くの中小企業へ貢献できれば幸いである。

## 1-4

# 建築デザイン出身の私が
# 中小企業診断士を目指したワケ

## （1）なぜ、診断士を目指すようになったのか

　診断士にはあまり馴染みのない建築デザイン出身の私が、なぜ、診断士を目指すようになったのか。それは、お世話になった方々へ恩返しをしたいと思ったからである。

　私が設計した建築が2次元の図面から3次元の建物になっていくのは、工事現場に関わる自社の工事管理スタッフばかりでなく、建設会社の現場管理者や、建物を造り上げていく職人の方々が日々の仕事を着実に遂行してくれたおかげであった。加えて、さまざまな建築材料を製造するメーカー、設計段階でサポートしてくれる協力事務所のお力も借りている。

　ただ、診断士となってそうした人々へ恩返しをしたいという想いが熟成されるまでには、さまざまな経緯があった。

　これから、私が診断士を目指していくことになったストーリーをお話しさせていただければと思う。

## （2）デザインスクールでの経営学との出会い

### ①デザインスクール入学のきっかけ

　私がビジネスに興味を持つようになり、その後、診断士にもなったきっかけは、偶然の出会いによるものであった。

　1990年代初頭、所属していた設計事務所が、大型商業施設のプロポーザルで海外建築家とコラボレーションすることとなり、当時全米No.1の商業建築家のロサンジェルス事務所へチームで乗り込んでいった。そこで、ベニスビーチに面する事務所の自由な雰囲気やユニークなデザインを体感したこと、上司が「やは

り留学した方がいいよ」と言ってくれたことが、私の診断士への長い旅路のスタートだったのかもしれない。

### ②経営学との出会い

こうして、1990年代半ばにアメリカ東海岸のデザインスクールに留学することができたが、それは私が初めて経営学なるものに出会った場でもあった。アメリカはビジネスの国であるからか、建築家といえども中小企業の経営者としてマネジメントの知識は不可欠であったため、マネジメントの講義は結構盛況であった。当時、講義のサイドテキストであった大学発行のビジネス・レビュー誌に載せられた経営学の先端的なトピックや論文から、経営学の奥深さや面白さに気づかせてもらった。

たとえば、サイドテキストの『Management and the Art』というトピックには、管理を強めすぎて the Art、つまりデザイン志向やイノベーティブな社員の特質を失わせ、企業の発展の芽を摘んではならない、そのバランスが重要であるという趣旨の記事があった。これを読んで、デザイン志向の私でもビジネスの世界で重要な役割を担える日が来るのではないかと心強く感じたものである。

経営学に感じたこうした奥深さや面白さ、ビジネスの世界でも重要な役割を担えるのではないかという想いが、いつかこうした道に進みたいという願いのようなものとなって、潜在意識に残っていったのかもしれない。


## （3）ベンチャー起業家が立ち上げたマネジメントスクールとの出会い

### ①日本に帰り、マネジメントスクールへ

留学を終え日本に帰ってから、本格的に経営学を学びたいという想いが強くなっていった。そこで、ベンチャー起業家が経営するマネジメントスクールへ通うことにした。このスクールは、社会人が時間外の平日夜や週末に学べるように好みの科目を選んで受講できるカフェテリア形式と、入学して必要単位を取得することで修士号を取得できる経営大学院形式に分かれていた。

当時はカフェテリア形式での単位が大学院でも認められており、その単位を

持って大学院入学審査を受け入学した。学生には将来起業を目指す30代くらいの大手企業の会社員も多く、かなり活気のある大学院であった。

### ②マネジメントスクールでの気づき

入学してみると、ファイナンスが必須科目であり、建築学科出身で初めてファイナンスを体験する私には、最難関の科目のように思われた。しかし、講師として現れた外資系大手監査法人のシニアコンサルタントが建築学科出身であることを聞き、急にファイナンスが身近に感じられたことは驚きだった。そういえば、大学時代の建築学科の先輩が一念発起してMBAを取得し、日本マッキンゼー代表にもなったケースがあり、「勘違いかもしれないが、結構やれるんじゃないか」と自信がついた気がしたものだった。

確かに、法規制や厳しい予算に縛られて仕事をしながら、自分のアイデアで建築や周辺の環境を良くしていきたいと思う建築設計者は多い。そうした中で、制約条件でがんじがらめの状況を、針の穴を通すかのようにクリアしていく力が自然に身についてくるのかもしれない。

たとえば、ファイナンスの課題に対し、受講生の中にはビジネス経験からこのケースではこうした解決手法が有効だとパターン認識的発想をする人が多く、建築出身の私の方が柔軟な発想で解決できることも多かった。

そうした経験から、建築出身に限らず、ビジネスにあまり馴染みのない領域にも、経営者やコンサルタントに適した人材は多いのではないだろうかと思う。多様なバックグラウンドを持った人材が診断士にも増えてくることを期待したい。

## (4) 『風の便り』に誘われて、師と仰ぐ先生との出会い

### ①田坂広志先生との出会い

留学から帰国してマネジメントスクールに通い始めていた2000年代の初め、ある新聞の電子版に掲載されていた、詩的で哲学的な表現で経営の真髄を語る『風の便り』のコラムに大きな感銘を受け、その筆者が教鞭をとる大学院の「複雑系の経営」と題された講義の聴講生になったのが、田坂広志先生との出会いで

あった。ご存じの方も多いと思うが、田坂先生は日本総研の創始者の1人で、東日本大震災時に内閣参与として脱原発政策にも関わられた方である。長年にわたり経営や仕事に関する著作を多数出されているが、それらの著作や講演は、世界の多くの経営者に共感を持って受け入れられている。

当時、サンタフェ研究所を中心に研究されていた自己組織化など、従来の科学の常識を覆した「複雑系の科学」を経営に持ち込んだ「複雑系の経営」に惹かれて聴講生として参加したが、その時に学んだことの1つが「答えのない問いを問い続けること」の大切さであった。日常の経営や仕事でも「答えのない問い」に出会うことはあるが、「それでも問い続けることで、いつかその答えが浮かび上がってくるであろう」という姿勢が、現在の不透明な時代に最も求められる考え方の1つであると思う。

### ②田坂塾での中小企業経営者との出会い

そして、1年ほどの聴講生を終えてしばらくすると「田坂塾」が立ち上げられ、私が参加した後にも、著書や講演に感銘を受けた多くの中小企業の経営者等が参加してきた。新型コロナ禍の中でも、オンライン講話や塾生メーリングリストでの意見交換を通じて、日々の仕事を「真剣勝負の場」と捉え、経営者としていかに処していくべきかを学ぶ場として継続されている。

田坂塾で学んだ経営者が、新型コロナにより引き起こされた未曾有の景気後退による企業の淘汰・再編の中で、先生の著書『人生に起こることすべて良きこと〜逆境を超える「こころの技法」〜』を携えて、自社の生き残りを図り、事業を発展させていくものと祈念する。同時に、私も診断士として少しでもお役に立ちたいと思う。

## (5) 登録養成課程での講師、同期、実習先企業との出会い

### ①日本生産性本部での同期との出会い

留学して経営学に出会って以来、経営学を学びたいと20数年にわたってさまざまな機会を捉えて学んできたが、田坂塾の方々との出会いを契機に、企業の経

営者や従業員を支援させていただきたいという想いが高まり、診断士を目指すようになっていった。診断士試験の受験勉強を始め、2019年夏の1次試験をクリア、日本生産性本部の選考を通過して、10月から養成課程に通うことができた。そこでは、経験豊富なシニアコンサルタントが講師となって、高度でリアルな講義や実習が行われており、マネジメントスクールと比較してもレベルの高さに驚かされた。

　同期の受講生にも優秀な人が多く、既にコンサルティング経験を持つ人やIT専門家などもいて、非常に多彩なバックグラウンドを持つ人達が集まっていた。その中にコンサルティング経験を持ち、IT・財務など、さまざまな経験を積んでいた受講生がいた。彼は、地元企業の再生に深くかかわった経験から中小企業の置かれている厳しい状況をよく理解しており、そうした企業を助けたいという強い想いをたびたび語っていた。それを聞いて非常に感銘を受けたことも、深く印象に残っている。

### ②実習での中小企業経営者との出会い

　養成課程では、5回ある実習でさまざまな中小企業に出会ったが、優れたビジネスモデルを持ちユニークな経営を行っている経営者もいれば、従業員との関係に悩む経営者、その逆に従業員を極限まで働かせようとする経営者もおり、診断士には経営状況ばかりでなく、経営者の資質まで把握することが必要なのだと思い知らされた。

　また、ある講師から経営者へのリスペクトの気持ちを持つこと、常に経営者や従業員とアイコンタクトを取り、想いや提案を伝えることの大切さを教えてもらった。これは田坂先生からも常に言い聞かされていたことであり、コンサルタントの真髄を教えていただいたと感謝している。

## （6）診断士になって思うこと

### ①診断士への道程を振り返る

　振り返ると、建築デザイン出身で企業経営に直接関わる機会があまりなかった

私だったが、単純に経営学が奥深く面白いと思ったことをきっかけに、20 数年にわたりさまざまな出会いを重ねながら、導かれるように診断士への道を歩んできた。

　しかしながら、診断士が時代に適応したコンサルティングを続けていくには、常に学んでいかなければならない。この長い旅路は、これからもさまざまな出会いを重ねながら、さらに続いていくことだろう。

　その中で、冒頭にも触れたように、お世話になった建築現場管理者や職人の方々も含め、懸命に働く従業員の生活を守り、さらに待遇を含めてより良い環境で働けるようにするために、少しでもお役に立てれば幸いである。

### ②診断士として今、思うこと

　現在、新型コロナによるパンデミックの影響で世界的に大幅な景気後退が進行しており、宿泊業や飲食業をはじめ、多くの中小企業が経営破綻や廃業に追い込まれている。そうした厳しい状況の中でも、さまざまな努力や知恵を駆使して、活路を見い出そうと悪戦苦闘している企業も多い。

　このピンチを起死回生のチャンスに変えるために、企業はイノベーションや再編などにより、経営体力や創造・変革の力を高めていくと同時に、生産性の向上や労働環境をより良いものへと改善していくことが求められている。

　変革へ向けて悪戦苦闘する企業に寄り添い、企業変革が成し遂げられるよう支援していくことが、私を含め診断士の大きな使命であると思う。

## 1-5

## 診断士資格は若手こそ取得するべき ——20 代で診断士になることの意味

　私は、中小企業診断士は若手こそ取得するべき資格であると考えている。なぜなら、診断士への挑戦は、若手にとって魅力的な要素が多く詰まっているからである。

　ここでは、診断士に興味を持つ若手ビジネスマンに少しでも役立つことを期待し、私が 20 代で診断士試験に挑戦した理由や資格取得のメリット、そして受験期間と資格取得後の反省点や失敗談について述べていく。

### （1）「いずれ」ではなく、「今すぐ」取り組む３つの理由

　私は、新卒で企業に入社して約１年が経過した 2017 年の５月に診断士を目指すことを決めた。１次試験申込みの締め切りは５月上旬であったため、その場で即座に１次試験に申し込み、私の受験勉強が始まった。このスピード感を持った行動は、正解だったと感じている。私がすぐに診断士試験受験に向け動き出した理由は、次の３つである。

#### ①若手に有利な試験である

　はじめに私が考えたのは、診断士試験に合格するには若いうちの方が有利だということだ。これは試験結果が優遇されるという意味ではなく、若手の方が試験に専念しやすいという点である。

　診断士の１次試験は、７科目を２日間で行うマークシート形式であり、大学受験のセンター試験にも似た形式である。企業に勤めながら受験する場合には、仕事や家庭行事と両立させながら１年間に１度の試験に向けて幅広い科目の勉強を行うことになり、試験合格までに数年かかる受験生も多い。しかし、業務量が少ない若手のうちであれば試験勉強に注力できるため、短期間合格も狙いやすい。

合格までの長期戦を避けるためにも、なるべく早いうちに試験に挑戦するべきだと感じられた。

　加えて、診断士試験は業務経験があるほど有利であるとは限らない。2次試験では、与件文（問題本文）で述べられていない部分を推察しても得点には結びつきにくい。そのため、業務経験を背景にした経験則がマイナスに働いてしまう可能性がある。こうした面においても、診断士試験は経験の少ない若手のうちに受験するべき構造になっていると考えられる。

### ②試験勉強が仕事のスキル向上につながる

　2つ目の理由は、診断士の試験勉強が既存の業務を体系的に理解することに役立つと考えたからである。私はIT企業に就職し、インフラ領域のエンジニアとして業務に必要な知識や専門スキルを身につけた。しかし、担当領域以外の知見に触れる機会は少なく、顧客とのコミュニケーションの難しさや自分の視野が徐々に狭まっているような危機感も感じていた。この危機感こそが、診断士に挑戦するきっかけである。診断士試験は経営に関わる広い分野の知識が問われるため、試験勉強を通じて全体的な視野の獲得につながると感じたのである。

　私のように未経験の業界に就職し、新人研修やOJTで業務を学んだ若手社員は、業務内容をとにかく鵜呑みにして、体系的な理解が追いついていないまま業務に従事していることも多いのではないだろうか。業務以外の思考の軸を習得するという点において、経営全体の知見を学ぶことのできる診断士は大きな価値のある資格であると感じられた。

### ③診断士には20代が少ない（差別化ができる）

　そして、私が診断士を目指した理由の3つ目は、20代で診断士になることが自身の差別化につながると考えたからである。

　私は会社の研修を通じていくつかのベンダー資格を所持していたが、職場の中で差別化できて評価されるようなものではなかった。しかし、診断士は**図表1-5-1**で示すように、受験生の多くが30代から40代となっており、20代の受験生は少ない。そして、診断士は難易度が高い国家資格であるため職場でも保有

図表 1-5-1　1 次試験申込者の年代別内訳の推移

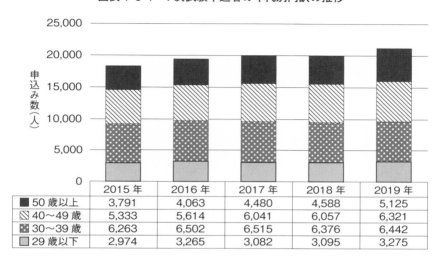

| | 2015 年 | 2016 年 | 2017 年 | 2018 年 | 2019 年 |
|---|---|---|---|---|---|
| ■ 50 歳以上 | 3,791 | 4,063 | 4,480 | 4,588 | 5,125 |
| ◫ 40～49 歳 | 5,333 | 5,614 | 6,041 | 6,057 | 6,321 |
| ▒ 30～39 歳 | 6,263 | 6,502 | 6,515 | 6,376 | 6,442 |
| ▨ 29 歳以下 | 2,974 | 3,265 | 3,082 | 3,095 | 3,275 |

している者がいなかった。この資格を取得することで、企業の中でも診断士とし
ても、自分自身を差別化していくことができると考えたのである。

## （2）20 代で診断士になることで得られる 3 つのメリット

　前述したが、診断士は若手が取得することでより大きなメリットがある資格で
あると考えている。具体的には、次の 3 つのメリットが得られると思う。

### ①多様な仲間と学びの場を獲得できる

　診断士のメリットについて調べると、必ずや「多様な人脈」や「ネットワーク
が広がる」といったワードを目にする。その中でも、私は養成課程で得られるつ
ながりに大きな魅力を感じていた。

　1 年間の大学院での養成課程は指導を受ける教授陣とのつながりが持てる点も
貴重だが、私は年齢も職業も異なる同期が意見を交わして議論する環境に強い興
味を持っていた。実際に経験すると、切磋琢磨しつつ時には協力して課題を達成
していく中で、年齢や業界を超えて信頼できる仲間を獲得することができた。

### ②自分の強みを発見できる

　経験の浅い私は、これまでの業務で身につけた IT スキルが自分の強みと言えるのか自信を持てていなかった。そのため、他業種において IT がどのような価値を持つのかという点に興味を持っていた。そうした中、社内でなく診断士という横のつながりを持つことは、自分の強みと弱みを把握する良いきっかけになると考えた。

　そして、実際にキャリアの異なる仲間たちと交流をする中で、自分の持つ IT リテラシーや分析スキルが強みになり得ると実感し、さらなるスキル向上への意欲が高まったと感じている。

### ③キャリアの選択肢が広がる

　私は企業に入社して経験を重ねていく中で、他業界への興味や経営者への憧れなど、さまざまな想いを持っていったが、実際にどのような道を進むか決断できずにいた。そんな時、診断士は独占業務を持たず広い分野で資格が活用されており、企業や個人などでさまざまなキャリアを築いている方々がいることを知った。

　キャリアの選択に迷いがあっても、自分次第で資格を活用していくことができるため、可能性を広げながら目指す姿を探索できることが、私にはとても魅力的に感じられた。


## (3) 反省点と失敗談

　これまで、若手が診断士を目指すべき理由や取得のメリットについて、私の考えを述べてきた。しかし、私は受験期間や資格取得後、良いことばかりではなかったとも感じている。ここからは、自戒の意味も込めて診断士になるまでの受験期間の反省点と企業内診断士となった後の失敗談を紹介する。

### ①受験期間の反省点：調査不足による資金繰りの失敗

　私は養成課程のカリキュラムを魅力的に感じたため、1 次試験を合格した後は養成課程に進みたいと考えていた。そこで特に苦労したのは、資金面である。養

**図表 1-5-2　国の教育訓練給付の概要**

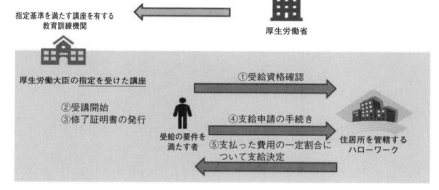

出典：厚生労働省ホームページ

成課程に通うには300万円弱の費用がかかるが、会社を休職しなければならない私は、奨学金と国の支援制度である専門実践教育訓練給付金などを活用することで辛うじて生活をすることができた。

　しかし、養成課程の同期の中には、金利の安い国の教育ローンを活用している者や会社の制度を使い企業派遣として給与を受け取って通う者も多くいた。収入の少ない若手社員にとって資金繰りは死活問題のため、活用できる支援制度はもっと事前に調査しておくべきだったと感じている。

**②資格取得後の失敗談：自覚不足による本業でのミス多発**

　20代で診断士資格を取得し会社に戻った私は、東京都中小企業診断士協会（以下、「協会」）に所属し、まるで新しい世界に踏み入れたように心躍っていた。新しい知識やつながりを求め、多くの研究会や交流会に出席した。

　しかし、その時期の私は、本業での細かなミスを指摘されることが多くなっていた。理由としては、協会のイベントに参加するために会社の業務を急いでしま

い、事務処理や確認作業がおろそかになってしまっていたのである。当時の私は、恥ずかしくも診断士であることを仕事でミスをする逃げ道に使ってしまっていた。

　若手社員は業務の裁量が少ないため、都合良くスケジュールを組むことが難しいこともあるだろう。しかし、企業内診断士であることを言い訳にしていてはすべてが中途半端となり、自分の信頼を下げる結果になりかねない。会社員としても診断士としても、プロとして責任ある仕事を心がけることが重要ではないかと思う。

## （4）20代で診断士となることの意味

　私の診断士への挑戦は、見切り発車でスタートした。しかし、今となっては早くスタートが切れて良かったと思っている。

　ビジネスが多様化する今の時代においては、企業の課題も多様化し、過去の経験値では対応し切れない事態も発生している。今後はさまざまな可能性を秘めた若手だからこそ、診断士として未知の変化に対応できる人材となることが求められてくるのではないだろうか。

## 第2章

私はこうして
１次試験に合格した

# 模試 D 判定から 3 ヵ月で
# 一発合格に変わった勉強法

## （1）先生も驚いた D 判定から 3 ヵ月後の一発合格

　私は 2017 年 9 月に、1 次試験に合格した。当時、私は大学 4 年生だった。本試験からさかのぼること 3 ヵ月前、受験校の直前模試の合格判定結果は、A〜D 判定のうち「D」。到底、受かる見込みはなかった。

　実際に合格結果がインターネットで公開された際、先生は全科目合格者の掲示板からではなく、科目合格者の掲示板から私の受験番号を探した。だが、その中に私の受験番号がなかったため、「科目合格すらできなかったのか…」と落胆したという。しかし、念のため全科目合格者の掲示板に目を通してみたところ、私の受験番号があるのを見て仰天したらしい。直前模試で D 判定の私が全科目合格しているとは、夢にも思っていなかったのだろう。先生から、「佐藤君、合格してるよ！」と興奮気味に電話をいただいたことを、今でも鮮明に覚えている。

　ここでは、なぜ直前まで D 判定だった私が 1 次試験に一発合格することができたのか、この模試から本試験までの 3 ヵ月の間に何をしたのかについて書いていこうと思う。これから診断士試験の勉強を始めようと思っている方、もしくは、本気で診断士試験に合格したいと思っている方の一助になれば幸いである。

　診断士試験合格前と合格後で、私の人生は 180 度変わった。皆さんも 1 次試験に合格して、早く「夢の切符」を手にしてほしい。

## （2）試験勉強のすすめ方──テキストではなく、過去問から始める

　試験勉強を始める際、ほとんどの方は、まずは書店に行き「○○試験・基本テキスト」など、いかにも初心者向けのテキストを手に入れ、勉強を始めてしまうのではないだろうか。しかし、その方法は、合格するための勉強方法としては非

常に効率が悪い。

　おすすめしたいのは、入門テキストからではなく「過去問」から勉強を始めることである。「内容もわからないのに、急に過去問!?」と思うかもしれないが、これが最も効率的で合格の近道になる。私の場合は、まず過去問を直近5年分解いた。最初は合格点に届かなくてもいいので、7科目すべて5年分解いていく。

　なぜ、5年分行うのか。狙いは2つある。1つ目は「出題の傾向」を見抜くため、2つ目は「出題者の問題作成のクセ」を見抜くためである。

　出題の傾向とは、直近5年間でどのような問題の出題率が高いかということである。これが、その後の学習の優先順位付けにつながっていく。出題傾向は時代の流れとともに変わっていくので、5年以上前の問題を解いても、あまり意味がない。また、出題者は毎年変わるわけではないので、直近5年間の問題を解いてみれば、出題者特有のクセがわかってくる。時間効率も考えあわせると、直近5年間の過去問をひたすら解くことが、出題の傾向と出題者の問題作成のクセをつかむのに最も適している。

　そして、そのあとに、問題集に手をつける。それも、過去問で出題頻度の高かった問題を重点的に解く。下の写真のように、A～Dランクで出題頻度の順位付けを行い、問題集に書き込んでいくとよい。学習の比重としては、A～Bラン

**第3章　経営情報管理**

1　経営情報管理 ……………………………………………………287
　1 経営情報システムの変遷 ……………………………………287
　2 情報システムの役割 …………………………………………289
　3 ITアウトソーシング ………………………………………295
　4 ITサービスマネジメント …………………………………297
　5 ネットワークを利用したコンピューティング形態 ………298
　6 ITと環境問題との関連性 …………………………………302
　7 経営に関するその他のIT用語 ……………………………303

**問題集に書き込んだ学習の優先順位**

クの問題を重点的に行い、Cランクはほどほどに、Dランクに関してはほとんど復習しない。

　以上のように問題集と過去問を使い分けて問題を解いていくことで、試験に出やすい問題に関する知識を効率的にインプットすることができる。

## （3）試験勉強の効率化方法──これを知らないと時間を浪費する
### ①試験勉強を始める前に学習計画を立てる

　1次試験は科目が多く、試験範囲が非常に広いため、なし崩し的に勉強しているだけでは合格できない。合格するためには、試験当日までどのように勉強するのか、どの程度勉強時間を確保するのか逆算して行動する必要がある。私は、**図表2-1-1**のような時間管理フォーマットを活用して月間の勉強時間を管理し、試験当日までどれだけ勉強時間を確保できるか計画を立てていた。1ヵ月の勉強時間を月初に計画し、実際に何時間勉強したかを管理するのである。

　このように月間の勉強時間を計画し、実績を記載しておくことで、勉強時間の管理にもなるし、「これだけ勉強したのだから、大丈夫」という自信にもつながる。また、科目ごとにどのように学習するかについても、**図表2-1-2**のような

### 図表2-1-1　勉強時間の管理フォーマット

| 日付 | 1日 | 2日 | 3日 | 4日 | 5日 | 6日 | 7日 | 8日 | 9日 | 10日 |
|---|---|---|---|---|---|---|---|---|---|---|
| 予定勉強時間（累計） | 4 | 8 | 18 | 28 | 38 | 48 | 58 | 68 | 78 | 88 |
| 実際の勉強時間（累計） | 2.5 | 8.5 | 20.5 | 31.5 | 42.5 | 53.5 | 65 | 76 | 89 | 101 |

図表 2-1-2　毎日の学習計画表

| スケジュール | | AM | | | | | | | PM | | | | | | | | | | | |
|---|---|---|---|---|---|---|---|---|---|---|---|---|---|---|---|---|---|---|---|---|
| 時間 | | 6時 | 7時 | 8時 | 9時 | 10時 | 11時 | 12時 | 13時 | 14時 | 15時 | 16時 | 17時 | 18時 | 19時 | 20時 | 21時 | 22時 | 23時 | 24時 |
| 日 | 1日 | 経 | R | 財 | 財 | 経営 | | R | 運 | | 法 | | 情 | 移 | バ | | | | | 移 |
| 月 | 2日 | 経 | R | 財 | 移 | 学 | | | | | | 経営 | 運 | | 法 | 情 | 移 | R | | 政 |
| 火 | 3日 | 経 | R | 財 | 移 | 学 | | | | | 経営 | | 運 | 法 | 情 | 移 | R | | | 政 |
| 水 | 4日 | 経 | R | 財 | 移 | 学 | | | | | | 経営 | 運 | 法 | バ | | | | | 政 |
| 木 | 5日 | 経 | R | 財 | 移 | 学 | | | | | | 経営 | 運 | | 法 | 情 | 移 | R | | 政 |
| 金 | 6日 | 経 | R | 財 | 移 | 学 | | | | | | 経営 | 運 | | 法 | 情 | 移 | R | | 政 |
| 土 | 7日 | | 経 | | 財 | 経営 | | R | 運 | | | 法 | 情 | 移 | バ | | | | | 移 |

| |
|---|
| 経（経済学・経済政策）財（財務）、経営（企業経営理論）、運（運営管理） |
| 法（経営法務）、情（経営情報システム）政（中小企業経営・政策） |
| R:rest（休憩）、学（学校）、移（移動）、バ（バイト） |

計画表に、前日の夜、細かく記載した。

　科目勉強の組み立て方としては、計算など頭を使う科目を午前中に行うことがポイントである。一番頭が冴えている朝の時間は、計算問題などを解きやすいし理解しやすい。私の経験則だと、朝起きてからの2時間がゴールデンタイムで、最も集中力が持続する。私は朝起きて朝食を食べる前に必ず、経済学・経済政策や、財務・会計の計算問題を解いていた。

　一方で、午後は集中力が下がり、内容の理解力が落ちる。こうした時間帯は、比較的暗記科目である運営管理、経営法務、経営情報システムに時間を使い、暗記色の強い中小企業経営・中小企業政策は最も集中力が下がる就寝前に行う。就寝中、人の記憶は、寝る直前の記憶からさかのぼって整理されていくので、寝る前に行ったことが最も記憶に残りやすい。

**②増やす行動と減らす行動を考え、スモールゴールを設定する**

　図表2-1-2の学習計画表に、さらに2つの項目を加えることで、実現可能性を高めることができる。

　1つ目の項目が、「増やす行動と減らす行動を考え、それをスモールゴールに設定する」ということである。月初に図表2-1-3のような目標を立て、1日が終わった段階で、達成できた項目に「○」、できなかった項目に「×」をつける。

　これを活用するメリットは、スモールゴール（増やす行動と減らす行動）を決

| できた〇 | できなかった× | | | | |
|---|---|---|---|---|---|
| | 行動 | 1日 | 2日 | 3日 | 4日 |
| 増やす | 毎朝朝食前に財務会計の学習 | × | 〇 | 〇 | 〇 |
| | 過去問練習で全科目90点以上取る | 〇 | 〇 | 〇 | 〇 |
| | 苦手科目（運営・法務）を克服する | 〇 | 〇 | 〇 | 〇 |
| 減らす | TV,SNSを1分でも見る事 | 〇 | 〇 | 〇 | 〇 |
| | 友人との電話に5分でも付き合うこと | 〇 | 〇 | × | 〇 |
| | 1科目でも学習を妥協すること | 〇 | 〇 | 〇 | 〇 |
| | できなかった理由とそれに対する今後の対策 | 理由：アラームをかけ忘れた　対策：毎朝アラームを自動設定にしておく | | 理由：とっさに出てしまった　対策：勉強時間中は機内モードにする | |

めることで、勉強時間が確保しやすくなり、さらにスモールゴール達成という日々の成功体験を積んでいくことで、本試験への自信につなげるという点である。

　また、この計画表は第三者に毎日、報告することをおすすめする。1人で計画を実行しようとしても、達成がおろそかになる可能性があるからだ。私は、勉強を教えてくださっていた先生に、毎日この計画表を写真で撮影し、メールで報告していた。報告を忘れると先生から連絡が来るので、計画表の作成と報告を忘れず行うことができた。

### ③合格後の自分の姿をイメージする

　2つ目に計画表に追記してほしい内容は、「いつまでに合格するのか」、「合格した後の自分はどうなるのか」である。1次試験は範囲が非常に広く、勉強量も時間も膨大なため、勉強期間中に本来の目標を見失ってしまうことがある。

　そんな時に、目標達成期限と合格後の自分のイメージを紙に書き、目につくところに貼っておけば、資格取得を目指した時の原点に戻り、勉強のモチベーション維持につなげることができる。

　また、「いつまでに合格するのか」を記載したら、そのコミットが達成できた場合の自分に対するご褒美と、できなかった場合の罰則も決め、計画表に記入しておく。合格がもたらすメリットと不合格でこうむるデメリットを書き加えることで、「絶対に合格する」というマインドを醸成することができる。

### 図表 2-1-4　合格できた場合とできなかった場合の賞罰

| 2017年（平成29年）8月に | |
|---|---|
| ■合格できた場合のご褒美 | 11月に友人と旅行に行く |
| ■合格できなかった場合の罰則 | 再受験に向けて、次月からも<br>月100時間以上の勉強をマストとする |

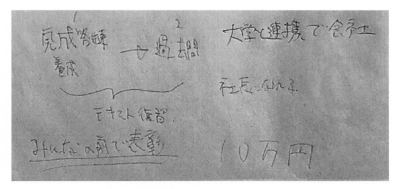

**計画表に記載していた合格後のイメージ**

　私自身、図表2-1-4のような賞罰や写真のような合格後のイメージを計画表に書き込み、壁に貼り付けていた。勉強期間中モチベーションが上がらず、挫折しそうになっていた時に、何度もこの計画表に助けられた。

　今思えば、診断士資格を取ったからといっていきなり社長になれるわけではないが、そうなることを信じて勉強をしていた。このように合格後のビジョンを想像できたからこそ、合格できたのだと思う。

　皆さんも、合格した後の自分を想像してほしい。きっと今よりも素敵な未来が見えたと思う。夢の切符を手にするまで、ぜひ頑張ってほしい。

## 2-2

# 7科目平均で60点取るための方程式

### （1）1次試験合格の方程式
#### ——「7科目平均で60点以上取る」ための得点構成を考える

　1次試験の合格条件は、「平均60点以上の得点」、「40点未満を取らない」の2つである。1つ目の合格条件を意識するあまり、各科目で60点以上を取ることにこだわってはいないだろうか。模試で**図表2-2-1**のような結果だった際に、60点以上という基準にとらわれ、「弱点科目を頑張らないと…」と考えたのであれば、冷静になる必要がある。

　受験予備校の模試を受けると、A判定、B判定と勝手にランクをつけられるが、過敏に反応してはいけない。なぜなら、他人から何といわれようが、50点取ろうと思っている科目で50点取り、80点取ろうと思っている科目で80点取り、結果的に平均60点を取ればいいのである（40点未満の回避策については後述する）。

図表2-2-1　模試の得点結果の例

| No. | 科目 | 得点 |
|---|---|---|
| 1 | 経済学・経済政策 | 56 |
| 2 | 財務・会計 | 60 |
| 3 | 企業経営理論 | 56 |
| 4 | 運営管理 | 64 |
| 5 | 経営法務 | 52 |
| 6 | 経営情報システム | 60 |
| 7 | 中小企業経営・中小企業政策 | 70 |
| | 合計 | 418 |

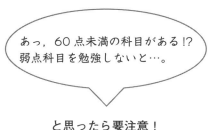

あっ，60点未満の科目がある!?
弱点科目を勉強しないと…。

と思ったら要注意！

「平均で60点を取ること」は、「満遍なく60点を取ること」ではない。両者には明確な違いがある。科目別に自分の目指す点数が何点なのかを考え、平均60点以上の得点構成を組み立てることが、合格点の方程式なのである。

## （2）単一科目で60点を目指すことの難しさとリスク

過去問や模試を受けると、科目の点数にバラツキが出てしまい、それが努力では避けられないことに気づく。理由は、次の2点である。

### ①試験の出題範囲が非常に広く、難易度が年度によって異なる

バラツキを抑えるため、各科目でどんな問題が出てもいいように、広い範囲を勉強すればいいのだろうか。そうではない。勉強していく最中にも世の中は変わるので、試験範囲を勉強し尽くすことはできないし、効率上の問題がある。

### ②1問当たりの配点が大きい

1次試験は、科目によって制限時間と配点が異なる。特に60分の試験科目は1問当たりの配点が4〜5点なので、2〜3問を落とすだけで、A判定がC判定に落ち込んでしまう。

以上のことにより、得意・不得意とは別の理由で、点数に変動が出てしまう特性がある試験だということを理解してほしい。

## （3）得点しやすい科目でバッファを稼ぐ

「平均で60点を取ること」への1つのアプローチは、自分の得意科目で大きく

図表2-2-2　出題範囲と学習範囲の差

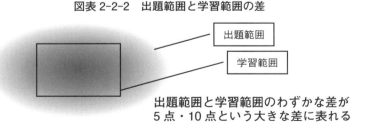

出題範囲

学習範囲

出題範囲と学習範囲のわずかな差が
5点・10点という大きな差に表れる

得点し、それをバッファにすることである。あなたはどの科目で得点するか、イメージできているだろうか。一例として、以下のような切り口が考えられる。

### ①自分の得意技で仕留める

私の場合は、運営管理（生産管理）と経営情報システムが本業との関連が深く、受験勉強前にベースとしての素養が備わっていた。普段の業務や学生時代に蓄積された知識が活かせるのであれば、それを使わない手はない。

### ②止まっている的を撃つ

たとえば、経済学・経済政策は、学問として確立されている科目であり、法改正やトレンドの影響を受けにくい。つまり、過去問から出題を類推しやすいため、勉強しやすいのである。

### ③90分の科目で地力勝負

試験時間が90分の科目は出題数が多く、1問当たりの点数が低いので、点数のバラツキを抑えることができる。つまり、地道に努力した結果が点数につながるのである。ただし、地力を上げるのは重要なことではあるものの、試験対策上は勉強時間に限りがあるという意識が必要である。

### ④中小企業診断士試験なのだから、中小企業経営・政策で勝負

基本的には各科目の出題範囲が非常に広く、受験年度によりバラツキも大きい試験であるが、中小企業経営・中小企業政策のみ例外である。この科目の出題範囲は中小企業白書の内容と中小企業施策に集中しているので、網羅的に勉強ができ、80点以上獲得することも不可能ではない。80点前後を取れれば、他の科目も含めた得点計画と自分の気持ちに余裕が生まれ、結果として合格につながる。

また、合格後に診断士として企業の診断業務や各種補助金の申請業務に関わるのであれば、すぐに業務に使える知識である。診断士としては重要な科目であることを改めてご認識いただきたい。

## （4）足切りにならないための考え方と意識

1次試験のいわゆる足切りとは、「1科目でも40点未満を取ってしまう」こと

である。先に単一科目で60点を取ることの難しさを説明した。しかし、40点未満を避けることはそれほど難しくない。全20問・各5点の出題を例として、必ず40点を確保するための考え方を紹介したい。

### ①限られた時間をわかりそうな問題に集中する

60分で20問の問題を解くとしたら、1問に使える時間は平均3分しかない。今まで勉強してきた努力がプレッシャーになり、平常心であれば解ける問題に普段以上の時間がかかるかもしれない。焦った場合は、「100点を目指す試験ではない」ということを思い出し、わかる問題から確実に得点することが大事である。

### ②正解が確定できないものは消去法で選択肢を絞る

正解を1つに絞れなくても、選択肢の誤りを見つけることはできる。選択式の試験なので、選択肢を2〜3択に絞っていくと、自然と得点が底上げされる。

### ③わからない問題に時間をかけない

企業の経営戦略を考える上では、選択と集中により「やらないことを決める」ことが重要である。試験中も同じように考え、限られた試験時間を投入する問題と投入しない問題を選別してほしい。選択式の問題なので、まったくわからなくても、仮に4択であれば確率的に25%の得点が期待できる。問題を分類した結果、図表2-2-3のように確実に得点できる問題が4問しかなかったとしても、40点未満は回避できるのである。

それでも40点以上の得点が難しいと思ったのであれば、学習不足が疑われる。弱点科目への対策をしてほしい。

図表2-2-3　足切りにならないための割り切った考え方

| 分類 | 問題数と配点 | 確度 | 得点の期待値 |
|---|---|---|---|
| 時間をかければわかる | 4問20点 | 100% | 20点 |
| 2択まで絞れる | 4問20点 | 50% | 10点 |
| わからない（4択） | 12問60点 | 25% | 15点 |
| 合計 | | | 45点 |

## （5）合格をイメージしよう

　すべての科目を理解することはスキルアップとして重要であるが、合格するための最短ルートではない。ここでは、1次試験を突破するための実践的な考え方を紹介した。あなたは、どのような得点構成をイメージしただろうか。

　最後にまとめとして、私が抱いていた得点構成のイメージを紹介したい。この図を自分で作ることができれば、合格したようなものである。

**図表 2-2-4　クロス SWOT 分析　合格へのイメージ（私の例）**

|  | 得意科目<br>経験がある | 不得意科目<br>業務上の関連が薄い |
|---|---|---|
| 学習しやすい<br>試験範囲が狭い | 積極的に学習する<br>• 中小企業経営・中小企業政策<br>• 経営情報システム<br>• 運営管理 | 努力で改善する<br>• 経済学・経済政策 |
| 学習しにくい<br>試験範囲が広い | 得意分野の底上げ<br>• 財務・会計<br>• 企業経営理論 | 致命傷（40 点未満）を回避<br>• 経営法務 |

| No. | 科目 | 得点 |
|---|---|---|
| 1 | 経済学・経済政策 | 70 |
| 2 | 財務・会計 | 60 |
| 3 | 企業経営理論 | 60 |
| 4 | 運営管理 | 70 |
| 5 | 経営法務 | 50 |
| 6 | 経営情報システム | 70 |
| 7 | 中小企業経営・中小企業政策 | 80 |
|  | 合計 | 450 |

合格点 420 点に対し，
450 点を目標する

**科目により難易度のバラツキがあっても
トータル得点のバッファでカバーし、確実に合格する**

## 2-3
# 正味1年8ヵ月の学習計画と
# 勉強のルーティン化で合格

　ご存じのとおり、診断士試験は1次試験をパスしないと2次試験あるいは養成課程のステップに進むことができない。この1次試験は7科目あり、各科目のボリュームも大きいことから、試験勉強にかなりの時間を要する。

　ここで紹介する私の1次試験までの正味1年8ヵ月間の取組みが、皆さんの試験対策に少しでもお役に立てば幸いである。

## （1）前半12ヵ月の取組み——7科目のテキストを1周

### ①すべての始まり

　私が試験勉強を開始したのは、2017年12月である。書店で診断士試験コーナーに行くと7科目分もあり驚いた。中小企業経営・中小企業政策という耳慣れない科目まである。また、どのテキストも分量が多い。

　これでは、1次試験まで1年以上しっかり計画を立てて勉強しないと突破できないと認識した。ここから、学習計画の組み立てが始まった。

### ②計画を立てる

　まず、受験を2019年8月に設定した。逆算すると、試験まで20ヵ月ある。テキストをひと通り勉強後、過去問をまわして直前期は模試で実践勘を養うことにした。テキストは1科目1ヵ月で読み終えると7ヵ月、バッファも3ヵ月加味して10ヵ月、過去問も1科目1ヵ月でこなして7ヵ月、残り3ヵ月は総復習や模試で鍛える。これで、ちょうど20ヵ月（1年8ヵ月）。ざっくりではあるが、ゴールまでのイメージができた。

　平日は、残業や家庭の用事がなければ、退社後3時間を確保できる見込みが立った。毎日このようにできるとは限らないが、粘り強く取り組むしかないと決

意した。

　土日は、家族が起きてくるまでに 1 時間、家族が寝た後に 1 時間、また、日中の隙間時間も合わせて 3 時間の確保を見込んだ。

### ③いざ開始、しかし…

　試験の科目順に、経済学・経済政策から勉強を開始した。流れをつかむため、1 科目目はできるだけ早く終わらせようとしたが、それでも 2 ヵ月かかった。

　次の財務・会計には、さらに苦戦した。初めて学ぶファイナンス理論などなかなか頭に入らず、ぐずぐずしているうちに勉強時間が減り始めた。結果的に、2018 年 3 月から 5 月の大型連休後まで勉強を中断してしまった。

### ④勉強再開

　勉強を中断していたが、受験をあきらめてはいなかった。合格体験記等を眺めては、私もこうなりたいと思っていた。

　当時、企業経営理論などのテキストも購入しており、気晴らしに企業経営理論を読んでみると、ビジネス書のようで読みやすかった。そのため、先にそちらを読み進めたところ、くじけずに 1 冊を終えることができた。

　その勢いで財務・会計に戻って、理解が進んだ項目を中心に繰り返し勉強しながら、7 月中に最後まで読み通した。くじけた箇所も何度か繰り返すうちに、数式などが頭に入るようになった。あきらめないことが大事であることがよくわかった。

### ⑤年末までに 7 科目終了

　そして、運営管理に移った。仕事では縁のない分野だが、かえって新鮮で、分量は多いものの 10 月中に読み終えた。

　経営法務と経営情報システムは、過去の資格試験で学んだ内容と被る部分が多く、理解が進んだのでひと月ほどで読み終えた。

　最後は、中小企業経営・中小企業政策である。中小企業経営は、中小企業白書等の出題がメインの暗記系科目のため、試験直前の総仕上げ時期にねじを巻くことにした。中小企業政策は、主要な関係法規や政策の内容を体系立てて学習する

図表 2-3-1　勉強開始後 12 ヵ月間の 7 科目の進捗

| | | 2019年（平成30年） | | | | | | | | | | | |
|---|---|---|---|---|---|---|---|---|---|---|---|---|---|
| | 12月 | 1月 | 2月 | 3月 | 4月 | 5月 | 6月 | 7月 | 8月 | 9月 | 10月 | 11月 | 12月 |
| 経済学・経済政策 | 可もなく不可もなく → | | | | | | | | | | | | |
| 財務・会計 | | | 躓く | 一時中断 | | | やっと再開 → | | | | | | |
| 企業経営理論 | | | | | 意外に捗る → | | | | | | | | |
| 運営管理 | | | | | | | | | 量は多いが捗る → | | | | |
| 経営法務 | | | | | | | | | | | 順調 → | | |
| 経営情報システム | | | | | | | | | | | 順調 → | | |
| 中小企業経営・中小企業政策 | | | | | | | | | | | | ほぼ勢い → | |

ことができた。

　最後は勢いもついて、年内に 7 科目を読み終えることができた。ちょうど 1 年間で 7 科目を 1 周できたことになる。図表 2-3-1 が 12 ヵ月の進捗である。

## （2）後半 8 ヵ月の取組み──過去問・模試の活用と総仕上げ

### ①いつでも・どこでも過去問

　年が明けてから、過去問に着手した。順番は 1 次試験と同じである。最初はまったく解けなかった問題も、繰り返すうちにポイントがわかってくる。その日に勉強したことは極力、翌朝に復習し、その次は 3 日後、1 週間後、そして 2 週間後にまた復習する。知識は使わないと忘れ始めるため、まめに復習の時間を作った。

　新しく覚えることが増えるにつれて前に覚えたことがあやふやになるので、机に向かっている間のほか、電車の中、お風呂やトイレの中、歯磨きの最中でも、隙間時間を見つけては復習の時間に充てた。

　頭の中で問題を出し、それに頭の中で解答してみる。次第にこの蓄積が増えて

くると、「○○といえば△△、じゃあ△△といえば…」といったように知識がどんどんつながっていく。そうすると、復習の時間が楽しくなり、忘却を抑えることにとても役立った。

### ②模試の活用

本番の環境に慣れるため、5月と6月に模試を受験した。たしか結果は、いずれもD判定だった。しかし、残り2ヵ月の駆け込みでリカバリーできるのではないかと思い、それほど悲観しなかった。模試は時間配分や休憩時間の過ごし方で参考になることが多く、受験することをおすすめしたい。

たとえば、時間配分では残り時間10分確保を意識して、受験番号などの漏れのチェックや全体見直し、自信のない問題の再考に充てるよう心がけた。最後にもう一度見直すと、思いもよらない勘違いに気づくことがある。

また、科目間の休憩時間が40分あるので、過去問で間違えやすかった項目を重点的に見直した。休憩時間の集中が、試験時間の集中につながるのではないかと思った。

試験終了後は、記憶が新鮮なうちに場所を変えて解答合わせを行った。間違いの多い科目は特に疲れるが、本番で同じ問題が出ても間違えないよう、できるだけ当日中に、できない分は3日以内にミスした問題のすべての選択肢を復習した。もちろん、知識があいまいな設問がいくつもあり、それらの選択肢もすべて復習をした。

### ③残り2ヵ月で総仕上げ

8月の1次試験まで2ヵ月を切り、7科目の総仕上げを意識した。**図表2-3-2**のように過去問1巡目は3ヵ月かかったが、2回、3回と繰り返すうち、解き方のパターンが頭に入ってきて半分の時間で終えられるようになった。

人によって過去問の範囲をどこまで広げるかに違いがあるが、私の場合、知識の定着を確実にしたいと思って、過去問5年分と模試2回分に絞り、これらを徹底的に繰り返した。解く時間が短くなると、1日で勉強できる科目が増える。

試験前2週間の土日と試験2日前の平日は、休暇を取って1日10時間勉強し

### 図表 2-3-2　1月から1次試験本番まで

| | 2019年（平成31年） | | | | | | | |
|---|---|---|---|---|---|---|---|---|
| | 1月 | 2月 | 3月 | 4月 | 5月 | 6月 | 7月 | 8月 |
| 過去問1巡目 | 初回は時間を要する → | | | | | | | |
| 過去問2巡目 | | | | 1巡目より短縮 → | | | | |
| 過去問3巡目 | | | | | | 2巡目より短縮 → | | |
| 模試 | | | | | ▲1回目 | ▲2回目 | | |
| 総仕上げ | | | | | | ラストスパート → | | ▲1次本番 |

た。総復習の時間を確保できたこと、「これだけやったのだから、本番は何とかなるだろう」と納得できたことが非常に良かった。

なお、休暇を取った日は勉強前に会場の下見に行った。試験開始時刻に合わせて電車に乗り、現地を見てくるだけでも気持ちが落ち着いた。

#### ④試験本番

当日は受験番号等の記入漏れやマークシートの塗り間違いがないかの確認に、最後の10分を確保する時間配分を意識した。どうしても1つに絞れない問題でも必ず解答し、この10分の中で再確認した。最後まであきらめず考え続けることで、正解が1問増え、合否の分かれ道になるかもしれない。実際、最後に見直して正解になった問題が、1つか2つあった。


## （3）試験を終えて

2日間の試験を終えて、これならいけるという自信がなかったので、解答合わせで合格点に達したことがわかると本当にうれしく、ほっとした。

試験勉強開始から決して順調に進んだわけでなく、途中休止の期間もあったが、それ以後は、毎日の勉強がルーティンワークとなった。

どんなに忙しい日でも、通勤電車の中などを活用すれば10分や15分は捻出できる。電車で10分あれば、テキストを1ページ読めるかもしれない。昨日解い

た問題を頭の中で復習もできる。

　まったく勉強しない日が３日続くと、理由をつけてさぼりたくなり、ますます勉強しなくなるため、計画を立てたら、毎日コツコツ続けることが大切だと思う。積み重ねがいつか大きな成果を手繰り寄せるので、粘り強く試験勉強に取り組んでいただきたい。

## 2-4

# 妻子持ちサラリーマンの勉強時間確保術

　私は、妻と子供2人の4人家族の一般的なサラリーマンである。診断士試験合格後、多くの人から、「どうやったら勉強する時間が確保できるのか」、「どのように勉強したのか」という質問を受ける。

　私が行ってきた時間確保のやり方をここに公開するので、少しでも参考にしていただければと思う。これから勉強をスタートする方や時間確保に悩む一般的な妻子持ちサラリーマンに向けて書いていくので、自分が対象だと思う方には、ぜひ読んでいただきたい。

## （1）計画の立て方

### ①1.5年計画で無理なく実行

　診断士試験合格は簡単なことではなく、初学者が1年間で合格するのは並大抵なことではない。妻子持ちサラリーマンであれば、なおさらだ。私が実施したのは、受験校の1.5年コース（Web講座）への挑戦である。理由は、勉強期間を1.5年と長めに取ることで、仕事や家庭、そして自分自身にとって無理のない学習計画を立てるためである。

　私は、2018年2月末に診断士試験挑戦を決意し、同年3月より勉強を開始した。初年度は、経営情報システム、中小企業経営・中小企業政策、経営法務の3科目の合格を目指し、翌年に残り4科目と2次試験に合格するというスケジュールで進めた。経営法務を2度受験するという想定外の事態になったものの、結果的に勉強の量も多くなり、2度目は高得点で合格することができた。

　このように1.5年計画でいけば、苦手科目にも無理なく多くの勉強時間を費やすことができるため、初学者の妻子持ちサラリーマンには、ぜひおすすめしたい。

## ②年間計画の策定

　勉強時間を確保しながら、家族との時間も充実させるためには、事前に年間計画を策定しておくことをおすすめしたい。私の場合は毎年、家族旅行やキャンプに行っていたため、先にその計画をある程度入れておいた。先に計画を入れておけば、家族との認識も共有できるうえ、自分でも行動しやすくなる。もちろん、試験の直前は別で、試験前の3ヵ月は勉強に集中するようにした。

　図表2-4-1は、私の年間予定を記したものである。※の入った予定は突発的に入ったものだが、この月には何をする、家族とどこに行くといった計画は、年始にある程度立てておいた。わが家では、カレンダーに家族それぞれが予定を書き込んでいくスタイルにしている。夫婦だけはなく子供の行事も共有できるため、参考にしていただきたい。

## ③目標勉強時間の設定

　私は診断士試験合格に向けて、月間100時間の勉強を自分自身にコミットした。月間100時間→週間24時間を目標とした。

　100時間の根拠は特になく、自分の中で納得できる時間だったからというほかはない。1週間で24時間の勉強をしないと目標時間に到達しないが、これをこ

#### 図表2-4-1　診断士勉強期間の年間予定

| 月 | 2018年 | | 2019年 | |
| --- | --- | --- | --- | --- |
| | 勉強計画 | 家族計画 | 勉強計画 | 家族計画 |
| 1月 | | | 1次試験勉強中心・一部2次試験勉強 | |
| 2月 | | 家族旅行（1泊2日） | 1次試験勉強中心・一部2次試験勉強 | 家族旅行（1泊2日） |
| 3月 | 勉強開始　1次試験勉強集中 | | 1次試験勉強中心・一部2次試験勉強 | |
| 4月 | 1次試験勉強集中 | キャンプ（2泊3日） | 1次試験勉強中心・一部2次試験勉強 | 遊園地（日帰り） |
| 5月 | 1次試験勉強集中 | | 1次試験勉強集中 | ※バーベキュー（日帰り） |
| 6月 | 1次試験勉強集中 | | 1次試験勉強集中 | |
| 7月 | 1次試験勉強集中 | | 1次試験勉強集中 | |
| 8月 | 1次試験（1回目3科目） | 帰省（4泊5日） | 1次試験2回目（5科目）・2次試験集中 | 帰省（4泊5日） |
| 9月 | 1次試験勉強 | キャンプ（2泊3日） | 2次試験勉強集中 | ※日帰り遠出　2回 |
| 10月 | 1次試験勉強 | | 2次試験勉強集中・2次試験本番 | |
| 11月 | 1次試験勉強中心・一部2次試験勉強 | ※日帰り遠出　1回 | | |
| 12月 | 1次試験勉強中心・一部2次試験勉強 | 帰省（5泊6日） | 口述試験　合格発表 | 帰省 |

図表 2-4-2　合格までの勉強時間の推移

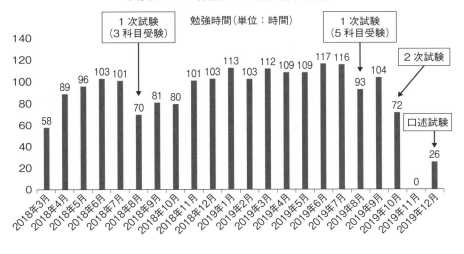

なしていくことで自分自身への自信にもつながると考えた。

　時間確保の手法については後述するが、まずは自分自身がやり切ったんだと思える勉強量（時間）を設定するといいだろう。量よりも質、理解が重要という意見もあるかもしれないが、合格するために設定した目標を1日ごと、1週ごと、ひと月ごとにクリアし、自分自身に自信をつけながら愚直に量をこなして取り組んでほしい。

　図表 2-4-2 は、私の合格までの勉強時間の推移である。合計 1,955 時間のうち、1次試験に費やした勉強時間は 1,565 時間である。1.5 年計画ということもあるが、多くの勉強時間を費やし、平均 73 点と安定した得点を取ることができた。では、次に、どうやってこの時間を確保していったかを書いていきたい。

## （2）実行手法

### ①勉強のルーティン化と見える化

　1週間で 24 時間の勉強を実施するために、日々のルーティン化と勉強時間の

図表 2-4-3　勉強時間の見える化
（アプリイメージ、金曜終了時の例）

今週の目標

49
%

目標　**24**時間 **30**分

現在　**12**時間 **00**分

見える化を行った。具体的には、スマホアプリで勉強時間を記録し、週の目標時間 24 時間に対し、どの程度の時間勉強したか、今週は達成できたかどうかを見える化した（**図表 2-4-3**）。

　アプリを使用すれば、簡単に見える化が可能である。私の場合は、平日 2.5 時間×5 日、休日 6 時間×2 日の合計 24.5 時間を目安としていた。そこで、平日 1 日当たり 2.5 時間勉強するにはどうすればいいのか、休日 6 時間を確保するにはどうすればいいのかを考えてスケジュール化を行い、それをルーティン化した。

**②ある週のスケジュール例**

　日々の勉強をルーティン化した結果、私のある週のスケジュールは、**図表 2-4-4** のようになった。この週は金曜日に飲み会があったが、飲み会がなかった場合は、他の平日と同じようなスケジュールであった。ほぼ毎週、同じ時間に勉強するように動いていたため、習慣化ができた上、今週はどのようなスケジュールで勉強するかをいちいち考える必要もなくなった。

　また、私は通勤時間が各駅停車使用と徒歩時間込みで合計 75 分ほどかかるため、通勤中に 60 分の講義を聞いていた。もともとは快速で通勤していたが、講義を聞くために各駅停車に変更し、満員電車を避けながら勉強に集中した。ちなみに、仕事帰りは満員電車が多く集中力が持たないため、電車の中では何もして

図表 2-4-4　ある週のスケジュール（2019 年 5 月）

| | 月 | 火 | 水 | 木 | 金 | 土 | 日 |
|---|---|---|---|---|---|---|---|
| 時間 | 平日は5:30起床 | | | | | ※6時前起床 | |
| 6:00 | 動画講義視聴（60分）※通勤または自宅で | | | | | 勉強 120分 | |
| | 仕事 | 仕事 | 仕事 | 仕事 | 仕事 | | |
| 9:00 | この日は 18:30まで顧客訪問→直帰 | 9:00に顧客へ直行 | この日は 18:30まで顧客訪問→直帰 | 9:00に顧客へ直行 | 夜は歓送迎会（飲み会） | 朝食 | |
| | | | | | | 勉強 120分 | |
| 12:00 | | 19時過ぎに退社 | | 夕方 18:30まで顧客訪問→直帰 | | 家族時間 買い物 公園 | |
| 15:00 | | | | | | | |
| 18:00 | | | | | | 勉強 90分 | |
| | 帰宅前　カフェで勉強（60分） | | | | 飲み会 | 家族時間 夕食 他 | |
| 21:00 | 夕食、他 | | | | | | |
| | 就寝前30分勉強※23時までに就寝 | | | | 帰宅 | 就寝前30分勉強 | |
| 0:00 | | | | | 30分勉強 | | |
| 小計 | 2.5時間 | 2.5時間 | 2.5時間 | 2.5時間 | 1.5時間 | 6.5時間 | 6時間 |
| | 週合計勉強時間　24時間 | | | | | | |

いない。仕事帰りは、カフェなどで 60 分集中して勉強していた。

　休日は家族との時間も充実させるため、朝の時間を有効に使い集中して勉強した。正直、朝に 4 時間の勉強時間は確保したい。そうすることで昼から夕方までは家族と公園に行ったり、買い物に行ったりもできる。休日の 6 時間勉強は、朝の時間の使い方にかかっているといってもいい。

　また、受験校は Web 講座受講だったため、通学時間も削減でき、自分のルーティンに合わせて、時間を有効に使いながら勉強ができた。時間確保に悩む妻子持ちサラリーマンには、ぜひ参考にしていただきたい。

### ③決めたらやる！ 勉強ゼロの日を作らない

1次試験7科目合格に向けて多くの勉強時間が必要になるが、私が一番大事だと思うのは、勉強時間ゼロの日を作らないことである。

しんどい日もあるし、モチベーションが上がらない日もあると思う。しかし、そこで勉強時間ゼロの日を一度でもつくると、「なしがあり」になってしまう。つまり、勉強ゼロの日がありということになる。そうなると前述したルーティン化が崩れ、なし崩し的に勉強をしなくなっていく恐れがある。合格した自分を思い描きながら、勉強時間ゼロの日を作らずに継続してほしい。

飲み会があった後も、1問でも2問でもいいので机に向かって問題を解いてみてほしい。必ず自分の自信となって、合格に近づけるはずである。

### ④科目別勉強時間ランキング

最後に、私自身が1次試験合格のため、各科目にどのくらい時間を使ったかを紹介する（**図表2-4-5**）。これは個人差があるかもしれないが、私は完全に初学者からスタートしたので、初学者のサラリーマンの方々には参考になるのではないかと思う。

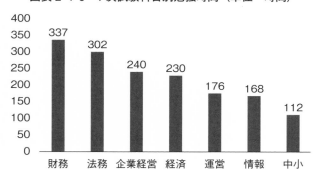

図表2-4-5　1次試験科目別勉強時間（単位：時間）

●得点結果
財務・会計76、経営法務84、企業経営理論66、経済学・経済政策76、運営管理74、経営情報システム64、中小企業経営・政策72
※経営法務は2回受験（1回目48点、得点調整前）

## 2-5
# 受験校のフル活用による
# スピード合格法

### （1）「受験校に通って時間を買う」という選択

#### ①学習において重視したもの

　診断士を目指す動機、置かれた状況は人によってさまざまであるが、私が特に重視したのは、「合格までの時間を極力短くする」ことだった。できるだけ早く診断士になりたいと考えていたし、サラリーマンである私には本業や子育てもあり、勉強ばかりしていられないという事情もあった。

#### ②忙しい人にとって、受験校は有力な選択肢の1つ

　そこで私は、「時間を買う」思いで受験校の門を叩いた。実際に通学した結果、短期合格に向けたメリットとして、次の2点を感じた。

　まず1つ目に、受験校を活用することで、学習範囲をかなり絞りこむことができた。受験校は例年の出題傾向を緻密に分析し、出題可能性の高い分野を予測している。私はそれを信じることで、重要箇所を概ね押さえつつ、全体の学習量を減らすことができた。

　もう1つは、学習に強制力がかかったことだった。高いお金を払っていたので、多忙な時期でもまったくあきらめる気にはならなかった。また、試験に至るまでのすべての講義の日程が決まっており、そこに合わせてスケジュールを組まざるをえなかったので、結果的に他の予定が組み込まれることが少なくなった。単に「時間を買う」だけでなく、あきらめずに学習を続けることができたという観点からも、受験校を選んだことは正解だったと思う。

#### ③試験日までのスケジューリングは受験校カリキュラムにお任せ

　私が診断士試験の受験を決意したのは2018年の年末のことで、年が明けてすぐに受験校の説明会に行ったところ、8月の1次試験に間に合うコースはほとん

どスタートしてしまっていた。唯一間に合うのは、かなりタイトなスケジュールに見える速修用のコースのみであったが、カリキュラムがある以上は合格の見込みはあると信じて、このコースに申し込みをした。

　当初はそんな状態であったが、講義の進行についていくために必死で学習を進めたことで、結果的には合格レベルに到達できた。長丁場である診断士試験の学習において、いつ、何をするかを悩まなくていいのは大変ありがたいことである。受験校に通う際は、カリキュラムに沿って学習を進めることを基本にすべきである。

## （2）受験校有効活用のための基本的学習サイクル

　カリキュラムが開始されると、どの受験校であっても、まずは各科目の講義から入るのが普通ではないかと思う。私の通っていた受験校では、1週間に2コマ、計5時間の講義があり、翌週までに復習をしつつ、問題集を解いてくるというスタイルを推奨していた。

　このスタイルをベースに試行錯誤を重ねた末、最終的に私が構築した学習サイクルを紹介する。私はこのサイクルを、基本講義がひと通り終わる5月のゴールデンウィーク頃まで継続することで、1次試験に必要な知識の土台固めをした。

### ①講義中にすること

　まず、毎週の講義においては、先生の話を聞きながら、全体的なロジックをできるだけ理解することに努める。わからないことがあれば、その日のうちに先生

**図表 2-5-1　受験校講義を起点とした1週間の学習サイクル**

| 曜日 | 土 | 日 | 月～金 |
|---|---|---|---|
| 基本スケジュール | 受験校での講義 | 育児・趣味 | 仕事 |
| やること | ・講義内容理解<br>・暗記帳への書込み | ・前日講義範囲の暗記<br>　（50～60％目安）<br>・問題演習 | ・出社前＆帰宅後：問題演習<br>・通勤時間＆昼休み：暗記 |
| おおよその学習時間 | 講義：5時間<br>自習：1.5時間 | 2～3時間 | 2時間/日 |

に質問をして、解消しておく。1次試験だけであれば、暗記と計算ができれば合格の可能性もあるかもしれないが、2次試験のことも考えると、学ぶことの背景にあるロジックまできちんと理解しておく方が望ましい。

　そしてここが重要なのだが、講義を聞くのと同時に、暗記帳も作成してしまう。ここでいう暗記帳とは、後で繰り返し読んで、問題を解くのに必要な知識を覚えるためのものである。

　1次試験は暗記科目も多く、「覚える」という作業は学習の中で大きなウェイトを占めるが、そのためのツールを講義後に作ろうとすると、それだけで大変な時間がかかってしまう。学生時代であれば、新たにノートを作成することも有効かもしれないが、時間のない社会人にとってはあまり効率的とはいえない。

　そこで私がおすすめするのは、市販のポケットサイズの暗記用参考書を講義時に持参し、都度情報を書き込んでいく方法である。講義や演習の中で、必要と思われる項目を追記していくのである。

　これを繰り返した結果、試験本番までには、必要な情報を網羅したコンパクトな暗記帳が完成した。もともとは記載がなかったが、講義中に話にあがった内容を数多く書きとめておいたおかげで、本番での得点につなげられたものも多数あった。

　もちろん、講義テキストを使用しても同様のことはできるが、隙間時間を有効活用する上では持ち運びがしやすいものの方がいい。最近ではスマホアプリなど

**図表 2-5-2　情報整理と演習ツールを兼ねた暗記帳作成のイメージ**

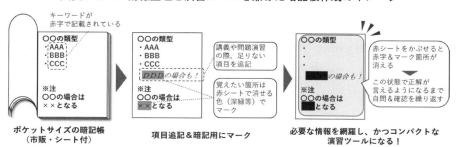

も出ているが、周囲に書かれている関連情報なども合わせて覚えるには、個人的には本の形になっているものの方が使いやすいと思う。

　また、問題集に取り組む時間がないほど本業が忙しい時期などは、講義中、話のポイントを聞き逃さない程度に、その範囲に該当する復習用の問題集を並行して解くということもしていた。少し前に聞いた内容であれば、暗記をしなくてもある程度は解ける。アウトプットをすることで記憶に定着する部分もあるので、時間の節約・学習効率化の効果がある程度見込める。

　多忙であればあるほど、学習だけに集中できる講義の時間は本当に貴重であり、ただ話を聞くだけではもったいない。効率的学習のためには、どっちつかずにならない程度に、講義時間を理解・暗記準備・演習等にフル活用することも視野に入れるべきである。

### ②講義外（自分の学習時間）ですること

　講義の合間は、復習を中心に学習を進めていくことになる。問題演習など、受験校から推奨されるもの（例：問題演習）は基本的にその通りやるべきだが、スピード合格を勝ち取るためには、隙間時間の活用や、学習効率の向上を意識する必要がある。

　私の場合は、移動中や昼休みなどの隙間時間で暗記、1時間程度まとまった時間で机に向かえる時に問題演習という形で学習を進めた。ここでのポイントは、半分程度でもいいので、先に暗記をすることである。なぜなら、問題演習の際に前提知識が極度に欠けていると、解くのに非常に時間がかかり、非効率だからである。

## （3）直前期も受験校をフル活用して合格レベルへ
### ①直前期は、暗記と演習のサイクルを何度も繰り返す

　基本講義がひと通り終わり、受験校のカリキュラムが演習中心に変わってくると、毎週新たな学習内容が追加されることはなくなってくる。こうなれば、あとは受験校での演習や自宅での過去問演習を起点に、「問題演習→暗記帳への追記

→暗記」を繰り返すことで、自分のレベルを都度確認しつつ、学習を進めること
ができる。

　私が通っていた受験校では、ゴールデンウィークから8月の1次試験本番まで
の直前期に、毎週2科目ずつの演習が組まれていた。この時期には、私は1週間
かけてその2科目の対策をすることに全力を注いだ。これにより、各科目満遍な
く学習が進むだけでなく、演習の結果の推移を見ることで学習の成果も把握しや
すくなるので、モチベーションの維持にもつながった。

　ここでのポイントは、多少大雑把でもいいので全体的に暗記をし、過去問等を
解き、抜けていた知識・考え方を暗記帳に記録していくことである。そしてそれ
を暗記して、また問題を解く。このサイクルを、受験校での演習頻度に合わせた
週2科目程度のペースで、全科目分、回していくのである。木の年輪が育つが如
く、サイクルをたくさん回して、少しずつ実力を高めていくことに注力した。

### ②試験本番で実力をフルに発揮するための準備

　1次試験突破に向けて、実力を高めることと並んで重要なことは、身につけた
実力をいかんなく発揮することである。この点において私が重要だと感じたこと
を、以下に紹介したい。

#### a. 模試を活用して試験当日の過ごし方を決めておく

　試験本番で問題を解くこと以外に気を取られないようにするために、各校が
実施している模試を、一度は必ず受験しておこう。各校の模試は運用含め本番
そっくりに設計されており、当日の過ごし方をシミュレーションできるためで
ある。

　「鉛筆や消しゴムはどれがいいか」、「持ち込む昼食はどうするか」、「クッ
ションは必要か」など、いずれもちょっとしたことではあるが、模試の際にあ
らかじめ試しておけば、本番直前であれこれと悩まずに済む。他校の模試でも
よいので、ぜひ受験しておき、本番で実力を100パーセント発揮するための準
備に役立てよう。

### b. 解答速報を活用し、最後にもうひと工夫

1次試験初日が終わった段階で、受験校は各科目の解答速報を配信する。これを2日目の試験の前に確認するかどうかは意見が分かれるところだが、個人的には確認しておくことをおすすめしたい。なぜなら、1日目の科目の得点見込みを把握しておくことで、2日目の試験に、より戦略的に臨むことができるからである。

私の場合は、1日目終了後に解答速報を確認してみたところ、幸いにして出来が良く、2日目の科目は一発アウトとなる40点を下回らなければよさそうだとわかった。

そこで2日目は、ひと通り解けてマークミスがないことを確認した段階で、40点以上取れていそうであれば、割り切って途中退室することにした。それにより、次の科目が始まるまでの時間を捻出し、暗記帳を用いて必要知識をさっと再インプットするのである。2日目は暗記科目が中心なので、直前で落ち着いて確認できることの意義は大きく、この最後のひと工夫で、さらに得点を拾うことができた。

## （4）スピード合格のために重要なこと

スピード合格のためには、合格レベルと自分の立ち位置を把握しながら、効率的な学習プロセスを早期に確立することが必要不可欠だ。私にとっては、上記のような形で受験校をフル活用することが、たまたま自分に合ったスタイルだったということである。

受験校を活用する場合は、思い切って受験校にお任せする部分と、自分なりのスタイルを作り上げていくべき部分が出てくる。その人の置かれた環境により切り分けの仕方は変わってくるだろうが、ここに述べた私の体験が、これからスピード合格を目指す方々が、自分なりの学習スタイルを築くための参考となれば幸いである。

# 第3章

私はこうして
2次試験に合格した

# 新制度以降の過去問を
# すべて解いたら合格できた

　私は、診断士試験の合格まで5年かかった。1次試験の通過に3年、2次試験の通過に3年である。特に、2次試験はつかみどころのない試験だと思い込んでおり、大いに悩まされた。

　しかし今なら、2次試験の敗因と勝因を、一言で述べることができる。敗因は、2次試験が何を書いたら受かる試験かがわかっていなかったことに尽きる。勝因は、新制度となった平成13年度以降の過去問（18年分）をすべて解いたことである。

　これを行うと、2次試験は繰り返し同じことを聞いていることが見えてくる。これを書けば加点されるというフレーズが自然と蓄積される。一般にいわれるように、過去問を5年分解いているだけでは、この点が見えないのだ。

　同様な悩みをお持ちの方は、ぜひ以下を読んでほしい。

## （1）初めて受けた2次試験は惨敗

　「いったい3年間、何をやっていたんだろう」──2017年の12月中旬、3年かかって1次試験を通過し、初めて受けた2次試験の結果が届いた。DACBの総合B判定、事例IはD判定の足切りである。1次試験と並行して、いや1次試験以上に2次試験の勉強をしていたつもりだったが…。やり場のない怒りと、情けなさと、来年も受験を続ける決断をすることへの重苦しさに襲われ、途方に暮れた。

## （2）2次試験受験までの足取り

　受験1年目（2015年）、独学で1次試験の勉強を開始した。大手予備校の発行

するテキストと問題集を買い込み、7科目の学習を始めた。文学部出身で経済や会計に縁遠かったため、財務・会計はまったく歯が立たず、日商簿記3級を受験するところから始めた。8月の1次試験の結果は414点。経営法務、経営情報システムの2科目が不合格で、2次受験資格は得られなかった。しかし、1次試験終了後、躊躇なく大手予備校の2次直前・通学コースに申し込んだ。2次試験は手強いと聞いており、このタイミングで1次試験を通過した受験生と一緒に2次試験の勉強を体験すべきだと思ったからだ。

　大手予備校の講義はさすがにわかりやすく、行き届いていると感じた。そのまま予備校の1・2次上級コースに入り、受験2年目（2016年）となった。

　1次試験の残り2科目は予備校の教材中心に勉強し、成績は上位を維持した。それより難しいのは2次試験だ。予備校の演習では、なかなか中位以上に入れない。夢中になって勉強するうち、事例IIが上位に入り始めた。そのまま2次中心に勉強を続け、1次は経営法務、経営情報システムの2科目だけ申し込んだ。しかし、8月の1次試験本番で、まさかの敗退。この年は59%ルールが適用されるなど1次試験が荒れ、私の受験した2科目は、その中でも科目合格率がワースト1とワースト2だった。どちらも56点で、あとワンマーク足りなかった。放心状態のまま、2年続けて2次受験資格がない状態で2次直前講座を受講した。

　受験3年目（2017年）は同じ予備校に通いつつ、1次試験は点の取りやすい運営管理、中小企業経営・中小企業政策を加えた4科目を受験し、8月の本番を無事突破した。

## （3）受験4年目を前に課題を整理

　この時点の私の2次試験受験生としてのレベル感は、以下のようなものであった。得意科目は事例II、不得意科目は事例IV。ひと通りの解法や解答の型は身につけており、予備校の模試では上位1～3%に入ることもあった。しかし、わからない問題が出たら対応できずに動揺し、大崩れする。事例IVについては、基礎的な問題には対応できるが、中～上位の難問はお手上げという状態だった。

#### ①過去問が苦手

2次試験に対しては、3年間同じ予備校で勉強を重ねている。講義は予備校オリジナルの問題演習と解説が中心である。過去問は、教材に過去5年分の問題集が付いていたため、それを繰り返し解いていた。

しかし私は、過去問に苦手意識があった。「どこか武骨で、取り組みにくい」、「5問中2問は答えようのない難問が出るため、何を書いていいかわからず疲労する」という感覚があった。無意識のうちに過去問と真剣に向かい合うことを避けていた。何を書けばいい試験なのかわかっておらず、素直に設問と与件文を読み込んだ後、その場で考え始め、わからない問題はわからないまま時間を浪費して終わっていたと思う。

予備校で学んだ解法や80分の使い方をもとに、毎年、5年分の過去問を繰り返し解いてはいたが、肝心のことがわかっていなかった。過去問に比べ、取り組みやすい予備校のオリジナル問題をこなし、その先に合格があると無理やり思い込もうとしていたのかもしれない。

#### ②簿記2級を取得

気分を変えるため、受験3年目の2次試験終了後、12月から2月まで日商簿記2級の勉強に専念し、資格取得した。この間、事例問題は解いていない。しかし、一定期間、事例を離れ、計算漬けになったのはプラスの効果があった。

簿記2級の取得については、診断士試験合格に必要・不要の両論があるが、私のような事例Ⅳに苦手意識がある人には取得をおすすめする。簿記2級の論点をつかんでおけば、本番で難問が出た場合、「これは捨てていい」、「これは簿記2級取得者なら半分以上は正解できる」などと判断できるため、粘って解くか、捨てるかの選択をしやすくなる。問題のレベル感を知る尺度を持っていないと、踏ん切りをつけられずに時間を浪費するリスクがある。

### （4）4年目の改革——過去問中心に切り替え

受験4年目（2018年）は、それまでと同じ大手予備校の中で2次試験に特化

したコースを選び、講師が変わった。この講師は、「受かりたかったら、新制度になった平成13年度以降の過去問を、すべて解きなさい。国家試験の対策として、ごく当たり前のことです」、「この試験は"わかっている人"と"わかっていない人"を選別する試験です」と言った。

**①古い過去問に着手**

ピンと来るものがあり、すぐに取りかかった。自分が1年目でこなした過去5年分（平成22年度分が最古）より古い問題をインターネットから入手する。まずは平成21年度分から、20年度分、19年度分……とさかのぼる。さらに、点数の悪かった事例Ⅰと事例Ⅲについては、平成13年度分から解き始めた。

模範解答はなく、『ふぞろいな合格答案』（同友館）も出版されていない時代なので、解答はインターネット上で探すことになる。その気になれば、どんなに古い年代でも、ブログで公開されている個人の解答などを複数、探し出すことができた。

平成10年代初期の過去問を解くと、その記述量の多さに驚かされたが、むしろ初期の問題の方が、事例ごとの本質をストレートに尋ねているような気がした。自力で一度解き、ネットで解答を探す。ネット上には予備校の模範解答はないので、素人解答を複数探して、自分の手でベスト解答を仕上げるような作業を繰り返すことになる。

**②2次試験の正体が見えてきた**

とても時間がかかるが、結果的に、この不自由な環境がとても良かった。徐々に、「2次試験は違うようで、毎回、同じことが問われている」と言われる理由がわかってきた。

「この試験の正解や書くべきことは、サーブリッグ分析の表のようにパターン化されている。さほど大量の表でもない。その表を事前に頭に入れておき、試験当日はそこから引き出すだけ」──これが、自分でつかんだ感覚だ。先生の言う"わかっている人"とは、この状態ではないのか…。

結果は、ABABの総合B。事例Ⅱについては得意意識があり、前年もAだっ

たので演習量が少なかったこと、また事例Ⅳはポカミスがあったことで結果は不合格だったが、自分の中では「2次試験の正体見えたり」という感覚があった。

## (5) 5年目で合格をつかむ

受験5年目（2019年）は、1次試験からの受け直しになった。実家の親の体調不良もあり、受験を続けるか悩んだが、大手予備校の単科コースで、経済学・経済政策、中小企業経営・中小企業政策の2科目だけ通学受講した。5年前はあれほど大変だった7科目受験が、今では大部分が長期記憶に入っており、余裕があった。受験一辺倒にならぬよう気をつけながらでも、8月の1次試験は478点で合格できた。

2次試験については、1次試験と並行して、前年やらなかった事例Ⅱについても平成13年度以降の問題をすべて解き直した。1次合格の目途がついた5月ごろから本格的に2次の勉強を再開し、事例Ⅰ、Ⅲの過去問の解き直しを進めた。1次試験後の8月からは、前年得た自分の感覚に最も近い教え方をすると思った非大手の2次専門校に通学した。この予備校は、「キーワード＋金型」の解法で有名だが、むしろ事例Ⅳのレベルの高さに圧倒された。短期間の通学だったが、事例Ⅳの底上げができたと思う。

そして12月初旬、2次筆記試験の合格発表に自分の番号があった。再現答案の予備校採点は低かったため、番号を見つけても信じられず、取り消し通知が来るのではとおびえながら口述試験を受験した。12月25日の最終合格発表を見て初めて、ほっとした気分が湧いた。まもなく来る来年の正月は、勉強場所を探し回らなくていいんだと。

## (6) これから2次試験を目指す方へのアドバイス

とにかく古くからの過去問を解き、大量に他人の合格答案を読むことだ。特に平成13、14年度の事例Ⅰ、事例Ⅲは、珠玉の問題だと思う。すべてがここから始まっていると感じる。

今では、『ふぞろいな合格答案』シリーズや、ネット上の２次専門予備校のサイト、受験生が作ったと思われるまとめサイトなどで、かなり古くまでの合格答案が多数、公開されている。読み込んでいくと、合格者の答案はどこか似ており、一定の幅の中に納まっていると感じる。自分の解答は、このレベルにあるか、幅の中に納まっているかを常に自問自答していた。

**図表3-1-1**を見てほしい。２次受験２年目に過去問の全解きと合格答案大量読み込みを行った事例Ⅰ、事例Ⅲに関しては、Ａ判定にジャンプアップし、ビクともしなくなった。

また、あまり難しく考えないことである。この試験は、何があっても動じずに、基本的なことを確実に答えられる能力を試していると感じる。難問が出たら、書くのがはばかられるくらい当たり前のことを書くだけで良しとし、時間を浪費しないことだ。

最後に、２次試験は不確実性の高い試験であり、受験が長期化することもある。合否が五分五分の状態になってから、５回受け続ける覚悟があれば、必ずや（多くの場合はもっと早く）、合格すると思う。過去問を学習の中心に据え、大量の合格答案を読み、加点されるフレーズを蓄積していけば、いつか、「落ちようがなくなる」日が来ると確信する。

### 図表3-1-1　２次試験３年間の評点変化

| | 対策 | 結果 | | | | |
|---|---|---|---|---|---|---|
| | | 事例Ⅰ | 事例Ⅱ | 事例Ⅲ | 事例Ⅳ | 総合 |
| 2次1年目<br>（受験3年目） | 大手予備校の新作問題中心<br>過去問に苦手意識があり、真剣に向かい合っていない | D | A | C | B | B |
| | ↓ | ↓ | | ↓ | | |
| 2次2年目<br>（受験4年目） | 事例Ⅰ、Ⅲは平成13年以降の過去問をすべて解く<br>大量の過去の合格答案を読み込み、ベスト答案を自作する<br>日商簿記2級を取得 | A | B | A | B | B |
| | ↓ | ↓ | ↓ | ↓ | |
| 2次3年目<br>（受験5年目） | 事例Ⅱも平成13年以降の過去問をすべて解く<br>事例Ⅰ、Ⅲは過去問学習を繰り返す<br>2次専門校で事例Ⅳの底上げ | A | C | A | A | 合格 |

# 三度目の正直、試行錯誤により確立した勉強法

　私は、2016年10月に診断士試験の学習を開始し、約3年後の2019年に2次試験に合格した。合格までに2次筆記試験対策に費やした時間は合計1,000時間を優に超える。資格取得を志した時は、自分がここまでやることになるとは思っていなかった。

　ここでは、診断士試験合格を志す読者に向けて、2回不合格となった私ならではの視点で2次筆記試験を考察し、学習方針や学習方法のヒントを提供したい。

**図表 3-2-1　2次試験合格までの道のり**

| 2016年10月 | 診断士試験の勉強を開始 |
|---|---|
| 2017年 8月 | ゴールデンウィーク明けから奮起し1次試験に合格 |
| 10月 | 合格可能性がほぼゼロの認識で2次試験を受験 |
| 2018年 7月 | 2次試験の勉強をするが向上が実感できない日々 |
| 10月 | 効果的な勉強方法を確立しつつあり、合格率50%と思えるようになる |
| 12月 | ABABで不合格（得点開示236点）。1次試験を受け直すことになる |
| 2019年12月 | 年間を通じて意欲を維持し続け、1次試験を突破し、2次試験にも合格 |

## （1）2次試験対策の総括

　図表3-2-2は、私の3年間の2次筆記試験の得点開示結果である。合格ボーダーが4事例240点以上（かつ全事例40点以上）なので、結果だけ見ると1年目から割と惜しかったように思えるが、実際はそうではない。2年目の7月くらいまで、私の能力では合格できない試験なのではないかと本気で思っていた。

　読み書きが遅く、どうしても80分以内に解答をまとめることができない。さらに、80分以上時間を費やして作った文章も、今一歩の印象が拭えない。後ろ

**図表 3-2-2　2次筆記試験の得点開示結果**

| 受験年度 | 事例Ⅰ | 事例Ⅱ | 事例Ⅲ | 事例Ⅳ | 合計<br>(総合) |
|---|---|---|---|---|---|
| 2017 年<br>(1 年目) | 55 点<br>(B) | 54 点<br>(B) | 57 点<br>(B) | 60 点<br>(A) | 226 点<br>(B) |
| 2018 年<br>(2 年目) | 60 点<br>(A) | 54 点<br>(B) | 70 点<br>(A) | 52 点<br>(B) | 236 点<br>(B) |
| 2019 年<br>(3 年目) | 53 点<br>(B) | 84 点<br>(A) | 68 点<br>(A) | 61 点<br>(A) | 266 点<br>(合格) |

向きなことが頭を巡りながら、試験日が刻一刻と近づいてきて焦る日々。そんな私も、2年目の秋頃から希望の光が見え、3年目に無事に合格を果たした。

　今となって思うのは、2次試験対応のスキルは、自転車に乗る、泳ぐ等に近い感覚ということである。経験が乏しい時はできるようになる気がしなかったが、2次試験対策のコツをつかんだ2年目の秋以降は実力向上が自覚でき、学習が楽しくなっていった。

## (2) 2年目の秋頃につかんだ「2つの2次試験対策のコツ」

　2次試験2回目の挑戦となる 2018 年の7月頃までは、勉強をしても向上している実感がまったく持てなかったが、その頃に参加した受験生支援団体主催のセミナーや勉強会が、2次試験対策のコツをつかむきっかけになった。合格した先輩診断士の多くが行っていたのは、幅広い情報と勉強ツールの収集だった。

　それに気づいた私は、先輩にならってさまざまな情報収集を行い、自分に合う勉強法を模索し始めた。できるだけセミナーに参加し、先輩診断士や受験生と話をする。受験生支援団体のブログ（一発合格道場、ふぞろいな合格答案等）からの情報収集を日課とする。受験生支援団体の勉強会（タキプロ）に参加する。そういった場で出会った方々と情報交換を行い、自分に合う勉強法を試行錯誤する。こうした取り組みにより、学習の質がかなり向上した。

### ①2次試験対策のコツ その1「2次試験を知ること」

1つ目のコツは、「2次筆記試験を知ること」であるが、これは奥が深い。診断士試験に合格した同期や先輩と話をしていても、2次試験の捉え方は人それぞれだと感じる。大事なのは、2次試験とは何かを考え、合格点を取るために各自で考えたアプローチで臨むことである。主体的に考え、行動する必要がある。

私の捉え方はこうだ。2次試験は唯一解があるわけではなく、事例企業の社長への診断・助言として適切であれば60点に達して合格できる。予備校の解答例のような解答が書けなくても落ち込む必要はない。1年目はこの点に気づかず、無用な振り返り・改善に多くの時間を費やしてしまった。

合格のために重要なのは、受験予備校の演習問題ではなく、本試験で合格点（平均60点）を取ること、そして、合格水準の実力と現状の実力を比較する自分なりの物差しを磨く意識を持つことだ。私はこれに気がついた時から、演習問題の理解に時間を割くのをやめ、過去問の定量分析で定評がある書籍『ふぞろいな合格答案』（同友館）を主要な教材として学習するよう切り替えた。

### ②2次試験対策のコツ その2「スキマ時間の活用」

2つ目のコツは、「スキマ時間の活用」である。これは、合格者の大半が行っていたように思う。2年目の秋頃までの私は、合格者と比較して学習の絶対量が不足していた。社会人の多くは、机に向かって学習する時間の確保が難しい。学習時間を確保するためには、徒歩中、入浴中、電車等乗り物の中、電車がホームに来るまでの数分等のスキマ時間の活用が必要不可欠だと気がついた。その時、改善のために私なりに試行錯誤したことで、合格に近づいたと思う。

机に向かって学習する時間を確保するため、早起きをして会社近くのファストフード店や会社の会議室で勉強したり等のやり方を試してみたが、結局そこで寝てしまったり仕事中に眠くなったりしてしまうので、私には合わないとわかった。試行錯誤の末、私が最も効率的かつ健康的に学習時間を確保できるとわかった平日の過ごし方を、**図表3-2-3**に示す。自分にも合いそうだと思う要素があれば、試してみてほしい。

図表 3-2-3　受験時代のある平日の過ごし方

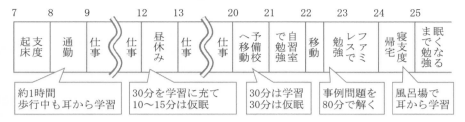

## （3）不合格だった 1 年目と 2 年目の勉強法

### ①初めての 2 次試験（2017 年）

　自己認識では合格可能性ほぼ 0% で受験したため、不合格は順当な結果だったと思う。合格できるほど力が身につかなかった主な理由は 2 点、無計画に学習を進めていたことで 1 次試験対策だけで手一杯になり、1 次試験終了後までに 2 次試験対策に手をつけなかったこと、そして予備校のカリキュラムに集中した方がいいと思い込み、多面的な情報収集を行わなかったことである。

　適切な情報収集を行い、学習の質向上を図ることが試験対策上有効であることを、私は後で知ることになる。当時は予備校の演習や模試をこなすだけで精一杯で、情報収集に手をつけられなかった。過去問も、ほとんど解けなかった。事例 Ⅳ では基礎的な論点の学習しかできず、過去問を 80 分で解く練習がほとんどできなかった。

　こんな状況でも、あと 14 点で合格というところまでいったのがこの試験の特性であり、「あと少しで合格」と誤認してしまう怖いところだと思う。個人的な見解だが、2 次試験は問題との相性等によって得点の変動が激しい。まぐれで得点が大きく上振れすることがある一方、その日の体調や個別問題との相性、不注意等のいくつかの要因で大きく下振れする。この年の私の得点は、実力と比して大きく上振れしたと思っている。結果として 226 点を獲得した私は、過信してしまい、翌年の本格的な勉強開始時期を春以降に設定する計画を立ててしまった。

### ②２回目の２次試験（2018年）

　自己認識では、試験日の朝時点での合格可能性は 50% 程度だと感じていた。ただし、この自己認識があたっているかどうかは知る由がない。受験後もその認識は変わらず、「合格できたかもしれない」と期待していたが、結果は不合格だった。翌月に得点開示請求をすると、4 事例合計で合格まであと 4 点だった。各事例でのちょっとしたミスがなければ合格だったと悔やむ一方、合格に手が届く試験だと思えるようにもなった。

　あと一歩のところまで向上したのは、前述のとおり夏頃から学習の質と量を高める工夫をさまざま取り入れたためである。特に、『ふぞろいな合格答案』を活用した過去問重視の勉強法への切替えと、勉強会（タキプロ）での過去問を題材にディスカッションを行う勉強が効果的だったように思う。勉強会はアウトプットができる機会となり、インプットの勉強に偏りがちだった私に大きな気づきを与え、診断士に必要な知識定着に貢献する勉強法となった。人とのつながりもできる有意義な機会でもあった。ぜひ、おすすめしたい。

## （4）三度目の正直、試行錯誤により確立した勉強法

　3 度目の 2 次試験は、経験を活かして確立した勉強法を継続して臨み、無事合格することができた。受験し直しとなった 1 次試験の対策期間 3 ヵ月は 2 次試験対策をほとんどしなかったため、1 次試験終了直後は 2 次試験事例問題への対応力の低下を感じて焦った。だが、すでに勉強法を確立していたので、1 ヵ月もしないうちに感覚を取り戻すことに成功した。

　取り組みの中で特に効果的だったのは、学習の振り返りを行い、「悪い結果（または良い結果）」、「原因」、「改善策」、「具体的対策」を考察してエクセルに記録しながら PDCA を回したことだった。これにより、学習の質が相当向上したと思う。

　このほか、3 年目の勉強法の一例は、図表 3-2-4 のとおりである。

**図表 3-2-4　試行錯誤により確立した3年目の勉強法の一例**

| 学習計画 | 計画的な学習に努める。ただし、日々生じる課題の解決に向け計画は柔軟に変更する |
| --- | --- |
| | 学習計画と実績をエクセルで管理。フォーマットは一発合格道場からダウンロードしたものをカスタマイズ |
| 学習の実践 | 週1回、受験予備校で初見問題を解き、80分間の解答プロセスを構築（直前期までは試行錯誤しながら最適化を図る） |
| | 同じ事例や演習問題を解いた受験生仲間と勉強会で解答と解答プロセスを共有し、ディスカッション |
| | 事例IVに毎日取り組み、エラー集を作成する |
| | 400字詰め原稿用紙で、過去問や演習問題の解答を短く再編集する練習を行う（100字→80字） |
| | スマホの写真や画面キャプチャで教材を画像化・メモアプリで整理し、スキマ時間に眺める |
| | ボイスメモアプリに過去問の設問文や与件文を音読して吹き込み、移動時間等に再生しながら聞く |
| | 音声ファイルを1.5〜2倍速程度で再生できるアプリをスマホにダウンロードし、耳から学習を習慣化 |
| 試験中の心がけ | 解答を書く際には部分点をもらえるようリスク分散を図る |
| | タイムマネジメントを徹底し、手つかずの問題を作らない |

## （5）あの時に戻れるならこう学習する

　受験体験を踏まえ、時間をさかのぼって再度受験するとしたら、私はストレート合格を目指す。その場合には、手はじめに次のことを実践する。

　・過去問を事例IからIVまでひと通り解き、早めに絶望感を味わっておく

　・複数の受験生支援団体のブログを通じた情報収集を日課にする

　・なぜ診断士になりたいのかを自問自答し、目標を書き出し部屋に貼る

　自分に合う勉強方法は、自分が試行錯誤することで見つけられると思う。

　最後に自戒も込め、合格はゴールではなくスタートである。診断士活動を通じてさまざまな人と接点を持ち、多くのことを学んでいきたい。数年後には、本書の読者とも診断士仲間として一緒に活動をする日が来るだろう。

# 過去問の疑似事例をお客様の業務改革に活用して知識の定着を図る

## （1）勉強の目的を改め、迷いをなくす

　ここから書くことを、2次試験の合格を目指す方々、特に2次試験に何度も挑戦し続けている方々に伝えたい。

　不合格が続くと、「何度も受験してまで取得する価値がある資格なのか」、「仕事との両立は難しいから仕事に集中しよう」と思いがちである。私もそんなことを考えた時期があったが、ある時点で勉強の目的を試験の合格から、自分の仕事の質を向上させ、お客様の役に立ち続けることに改めることにより、この勉強をライフワークにしてもいいと思えるようになった。

　合格は、結果の1つにすぎない。過去問をはじめとする教材は、合格後の今でも、仕事を進める上で欠かせない良き相棒となっている。それだけ、この勉強を継続する価値があると信じている。

## （2）自分の弱みを認識する

　私は、1983年から株式会社富士通研究所で研究開発に従事した後、2011年から富士通株式会社で開発した製品の事業化に取り組んだ。長年、研究開発の現場にいた私は、経営戦略を体系的に学んだことがなく、事業化に際して、成長戦略や競争戦略における「あるべき姿」を描けずにいた。

　そんな時、工場長として経営改革の実績を持つ先輩のすすめで、中小企業診断士の資格取得の勉強を開始した。ところが、1次試験は日頃の業務の中で慣れ親しんでいる運営管理や経営情報システムで得点を稼いで合格するものの、経営戦略に関して幅広く問われる2次試験にはうまく対応できなかった。

　それでも何とか製品の事業化ができ、販売推進やお客様の現場への導入に取り

組む中で、お客様の問題認識に触れ、お客様とともに課題を達成するプロセスに仕事の意義を見い出した私は、2017年からコンサルタント職を志願して、お客様の業務改革を支援している。

　しかしながら、ここでは、自分の得意としてきた専門領域だけではなく、さまざまな組織の多様な業務の改革を支援しなければならない。とても、自分の経験知だけでは対応できない状況であった。

## （3）過去問による疑似体験で自分の弱みを克服する

　お客様の業務改革を支援する頻度は、毎年2件程度であり、実務経験だけで知識を蓄積できるものではない。そんな中、お客様がヒアリングで語る問題認識は、過去問で見覚えがあると思えることがある。そうすると、その問題の原因や対応策のイメージが浮かび、支援活動の骨格が見えてくる。

　お客様によって外部環境や内部環境が異なるため、それぞれに検討を要する部分があるが、過去問の疑似事例から経営課題を認識でき、施策の方向性を想定できるので、安定的な支援につながる。たとえば、10年分の過去問に取り組むということは、40社の問題点を理解し、その原因を分析し、経営課題を設定し、施策を立案した経験を持つことである。ここで得られる知識は重要である。

　2次試験で問われることは、さまざまな組織における普遍的な経営課題と解決策であり、これを知識として獲得しておくことは、効率良く企業の経営課題を認識し、施策を立案することにつながる。過去問は宝の山である。

### ①M社の改革支援を通して

　M社の業務改革の支援に、過去問の疑似体験を活用した事例を紹介する。M社は製品mを製造するメーカーであり、販売はその関係会社が担当している。M社からは、販売・物流管理システムを更新するにあたり、既存システムの問題点を抽出し、対応策を新規システムの構築に反映させることを目的に支援の依頼があった。

　M社の改革リーダーはシステム指向が強く、システム更新の意義をシステム

の老朽化やそれに伴う保守・運用コスト増加への対策としていたため、経営目標である売上拡大への貢献がイメージできず、その投資効果を経営層に訴求することができていなかった。改革リーダーの要求は、既存システムでのオペレーション上の問題点を抽出して、その対応策を新規システムに反映することであり、システム更新を機会としてバリューチェーンを変革し、売上を拡大するといった経営レベルの視点がなかったのである。

　一方、営業部門へのヒアリングでは、欠品により機会損失が生じているという問題認識を数多く聞かされた。また、在庫管理部門からは、営業部門が在庫を確保しているから欠品が発生するという反論がなされた。

　ここで、平成21年度（2009年度）の事例Ⅲが思い浮かんだ。この事例の第2問では、製品の欠品が生じている理由が問われており、その要因として生産部門と営業部門との製販会議、すなわち情報共有の頻度が少ない点が考えられた。

　そこで、改革リーダーに対して、売上の拡大という経営目標に向けて、各機能部門間の業務連携のあるべき姿を検討する必要があることを説き、図表3-3-1に示すように、バリューチェーンを構成する生産部門、販売管理部門等の参加を要請し、各部門の業務連携のあるべき姿を検討する活動に展開した。

　その結果、営業部門の日々の営業データを部門間の壁を越えてデジタルで共有

図表3-3-1　情報システムによるバリューチェーンの連結

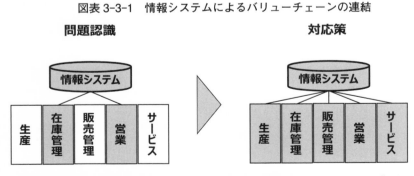

し、販・在・生計画の擦り合わせの頻度を高めることで、需要変動に対して在庫を適正化し、欠品による販売機会の損失を削減するという売上拡大に向けたシステム更新の意義を掲げることができた。

### ②N社の改革支援を通して

続いて、N社の業務改革の支援を通して、過去問の疑似体験を活用した事例を紹介する。N社は、製品nを製造販売するメーカーである。N社からは、生産性の向上に向けた課題設定と施策立案に関する支援の依頼があった。

N社では、それまでも製造部門の物的労働生産性向上を目的とした活動はなされていたが、生産量の向上には踏み込まず、労働量の削減のみに注目し、それも、直接的な作業時間ではなく間接的な作業時間の削減にとどまっていた。

この原因は、生産量に注目すると販売・在庫計画の課題となるため営業推進部門の課題と干渉し、直接的な作業時間に注目すると製造性や歩留りの課題となるため開発部門や品質管理部門の課題に干渉することである。改革リーダーは、自らの権限が及ぶ範囲内に活動領域を設定しがちであり、組織の壁を越えてまで活動を展開しようとする姿勢がないことが多い。

ここで、平成22年度（2010年度）の事例Ⅲが思い浮かんだ。この事例の第2問・設問1では、1次部品メーカーY社の組立工程の2次部品メーカーC社への移管計画に対してどのようにコスト面の対応をするかが問われており、完成品メーカーに対して設計変更を含むVE提案を実施し、製造性や歩留りを向上させる方法が考えられた。

そこで、**図表3-3-2**に示すように、開発部門や品質管理部門などのスタッフ部門と連携した活動の必要性を提案したところ、改革リーダーをはじめとして、お客様の中でバリューチェーンの連結への意識が高まり、開発部門での製造性を考慮した設計や品質管理部門での部品検査の改善に対して向き合おうとするモチベーションが高まった。

また、生産量についても、生・販・在計画における営業推進部門への交渉力を強化し、生産量の維持・拡大を働きかけるような問題意識の醸成ができた。

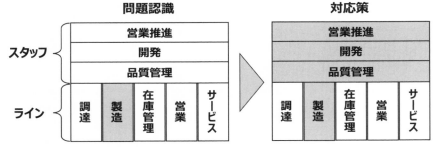

図表 3-3-2　スタッフ部門を巻き込んだバリューチェーンの連結

## （4）2次試験への対応力が高まる

　お客様の業務改革に対して過去問を適用する習慣が身につくと、お客様の問題認識に相当する2次試験の設問を読むだけで、原因と対応策をイメージでき、図表 3-3-3 に示すような解答のフレームが想定できるようになる。

　たとえば、令和元年度（2019 年度）の事例Ⅰの第3問を解釈する段階で、①外部環境、②内部環境、③戦略・施策、④効果、⑤ゴールというフレームを想定

図表 3-3-3　設問を読むだけで解答のフレームを想定できる

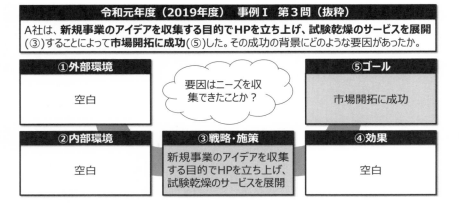

図表 3-3-4　1次試験の知識と与件文でフレームの空白を埋める

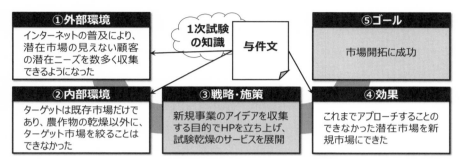

できる。次に、設問の中から当てはまる要素を抽出し、フレームを埋める。ここでは、設問の中に記述されている③と⑤のフレームのみが埋まる。

　残る①②④のフレームは、図表 3-3-4 に示すように、1次試験の知識と与件文に記述されている要素で埋めることができる。

## （5）合格してもしなくても継続は力なり

　小説を読み始めた子供の頃、主人公のさまざまなつぶやきや行動を見て、そのように感じたり考えたりして行動するのは自分だけではなかったんだと安心した経験はないだろうか。私は、お客様の業務改革を支援していて、お客様の問題認識や現場で発生している事実に触れるとき、過去問のあのパターンだと思えると安心する。「こうした問題点は、ここに原因があるので、対応策はこうだ」というシナリオを想定できるからである。

　さらに、過去問を実務で使えると、その知識は経験知と化して確実に自分のものになる。これによって、2次筆記試験への対応力もいっそう高まる。

　これまで、皆さんが長く2次試験に挑戦されているとすれば、皆さんの仕事の質は間違いなく高まっている。この勉強を継続することによって、皆さんのお客様の満足度はいっそう向上する。それに伴って、合格はきっとおとずれる。

# 2次試験の3つの基本認識と
# 7つのコツ

2次試験は1次試験と異なり、正解がわからない。過去の問題に取り組んでも答え合わせができないことは、2次試験の特徴である。この事実と向き合って自分流の解釈に至った道のりと、3つの基本認識、7つのコツをここで提供したい。これを読んで、2次試験の勉強法に対する迷いを吹き飛ばそう。

## (1) 2次試験問題の第一印象

私は、選択問題である1次試験対策に慣れた状態で2次試験の問題を見たとき、設問形式の違いに戸惑った。与件文(問題本文)が長い(およそ2,000～3,000字)、設問文が抽象的である、解答する文字数が100字や150字など中程度の長さであることが理由だ。

模範解答を見ると、理路整然とした説明で納得はできたが、自分で書ける気がしない。この時点ではまだ1次試験合格前であり、2次試験対策は先送りした。

## (2) 勉強方法の模索

### ①1回目の2次試験対策

2次試験対策は、1次試験対策で活用した通勤講座からスタートした。ここでは、論理的な解答方法のプロセス(手順)を習得する重要性が強調されていた。解説や模範解答を読むとなるほどと思うが、自分では書けない。「見る」と「やる」の違いだ。

新たな展開を求めて書店に足を運び、選んだのは『中小企業診断士 2次試験事例問題攻略マスター』(同友館)である。さらに数週間後、『ふぞろいな合格答案』(同友館)を購入。後者の考え方や解答要素の選定方法は、理系頭の私には

図表 3-4-1　2 次試験結果一覧

| | | 事例Ⅰ | 事例Ⅱ | 事例Ⅲ | 事例Ⅳ | 総合 |
|---|---|---|---|---|---|---|
| 2018 年度<br>（平成 30 年度） | 判定 | B | B | A | A | B |
| | 得点 | 55 | 51 | 60 | 60 | 226 |
| 2019 年度<br>（令和元年度） | 判定 | B | B | B | A | A |
| | 得点 | 58 | 59 | 57 | 75 | 249 |

腹落ちしやすいものであった。

　納得感があっても、自分自身では同じような解答を作れない。模範解答を書き写すことで、箇条書きの活用、キーワードを組み合わせたシンプルな記述、オウム返しを活用した定型の気づきを得た。

　この段階にたどり着いたのが、試験の 2 週間前であった。本番では全力を尽くしたものの、結果は**図表 3-4-1** のとおり不合格だった。

### ②2 回目の挑戦

　1 回目の結果を受けて、再挑戦するために自分に何が足りないか、何が必要かを真剣に考えた。正解がわからないことが問題と捉え、自分が考えるベスト解答作りに挑戦した。ふぞろいシリーズも買い増し、相当な時間を費やして自分なりのベスト解答を 5 年分作成した。

　ベスト解答作りは、自分のスタイルを見つけるきっかけとなった。その後、解答プロセスのルーティン化、与件文へのメモの入れ方、時間配分の設定、各事例で意識すべきキーワードも習得した。

　こうして臨んだ 2 回目の 2 次試験では、それなりの手ごたえを感じた。結果は図表 3-4-1 のとおり総合 A で、なんとか合格できた。

## （3）3 つの基本認識

　ここからは、ベスト解答の模索と解答プロセスのルーティン化で気づいた 2 次試験の 3 つの基本認識に触れた後、合格するための 7 つのコツを紹介する。

**①４つの事例問題は２種類に分けられる**

　２次試験は、「組織（人事を含む）の事例（事例Ⅰ）」、「マーケティング・流通の事例（事例Ⅱ）」、「生産・技術の事例（事例Ⅲ）」、「財務・会計の事例（事例Ⅳ）」の４科目で構成されている。

　事例Ⅰから事例Ⅲは、与件文が2,000字以上で、設問が４〜５問である点が類似している。それに対して、事例Ⅳは、計算問題がある点、冒頭の与件文が短い点、設問文中に与件文の要素が組み込まれている点で他の事例と異なる。したがって、２次試験対策は、事例ⅠからⅢと、事例Ⅳの２種類に分ける必要がある。

**②事例Ⅰから事例Ⅲは国語（現代文）の問題**

　事例Ⅰから事例Ⅲは、事例企業の説明をした与件文をもとに、設問に沿った分析や助言を記述する問題である。自分の経験や思いを込めて分析や助言をしたくなるが、これは資格試験であり、出題者が期待する記述が求められている。

　解答に盛り込むべき要素は、与件文にしっかりと記載されている。その要素に気づき、解答できる人が試験に合格する。つまり、中学校や高校で勉強した国語（現代文）の試験なのだ。

**③事例Ⅳを得点源とする**

　事例Ⅳは、財務諸表の分析やプロジェクトの事業性を計算して評価する問題があることが特徴である。苦手意識を持っている人もいるが、基本の計算ができれば安定した得点を期待できる科目である。この科目が得点源になると、合格の可能性は向上する。

　この科目には、文章記述問題の配点割合が４割程度ある。計算問題には、初歩的で正解率の高い問題もある。数字に強い人も弱い人も、文章記述と計算にバランスよく対応することが合格への必要条件といえる。

## （4）７つのコツ（事例Ⅰ〜Ⅲ編）

　国語の問題である事例Ⅰから事例Ⅲで合格点を獲得するコツを、７つに分けて

説明する。特別なものではなく、他でもよく見聞きするものだと思う。

### ①与件文にある情報から解答を組み立てる

2次試験は、架空の企業を題材とした試験である（モデル企業はあるようだが）。つまり、与件文にある情報が得点の要素である。与件文にない情報については、診断士として共通して持っているべき知識以外は解答要素に組み込んではいけない。与件文がすべてである。

### ②与件文にある情報はすべて解答要素となる

2,000字以上ある与件文は、ほぼ無駄のない文章であり、各段落のほぼすべてが解答要素となっている。解答の記入が終わり、解答に関与しなかった段落が見つかったら、点数を取りこぼしている可能性を考えよう。

### ③まず設問文を読み、与件文にあるヒント探しのアンテナを張る

試験時間は80分と限られている。この80分は長いようで非常に短い。与件文から初見で解答要素を抽出するには、まず設問文を読んで連想される解答のイメージを膨らませて、その後に与件文を読むことが効率的と考える。

### ④SWOT、理念、組織の特徴に注目

解答要素となるキーワードは、事例企業の強み（S）と弱み（W）、事業の機会（O）と脅威（T）、社長や会社の理念、組織の特徴として記載されている事項である。与件文にこれらが出てきたら、見やすいように下線を引く、別途SWOT表を作るなどを実行しよう。

### ⑤見つけたヒントをできるだけ多く解答に組み込む

解答要素となるキーワードは、できるだけ多く解答に組み込むべきである。2次試験の採点方法は開示されていないが、キーワードをベースとした加点法の可能性もある。もちろん、解答文の説得力も重要であるので、文章の構成には注意を払う必要がある。

### ⑥1つの設問に時間をかけ過ぎない

試験時間は80分である。解答作成に迷えば、すぐに時間を浪費してしまう。各設問に対して均等に時間をかけられるよう時間配分を決めて、迷っても解答欄

を埋めて次の問題へ移る。素晴らしい解答を考えても、解答用紙に記入されていなければ採点されない。

### ⑦定型文を準備しておく

80分の試験時間は、思ったより短く感じる。迷いが生じたら、抜け出すには時間が必要となる。この問題への対策は、解答の定型文を準備しておくことである。たとえば、理由を聞かれているのであれば、「理由は〜である。」と書くなど、飾らないシンプルな定型文を準備することをおすすめしたい。

## (5) 7つのコツ（事例Ⅳ編）

事例Ⅳは、他の事例と出題傾向や対策が異なる。ここでは、試験を乗り切るためのちょっとしたコツや考え方を7つ紹介する。

### ①第1問は収益性・効率性・安全性を評価する

第1問は経営分析の問題である。出題のパターンはいろいろあるが、収益性を示す指標から1つ、効率性を示す指標から1つ、安全性を示す指標から1つ選ぶのが定石である。毎年出題される基礎問題なので、繰り返し練習すべきである。

### ②記述問題対策が安定した得点に導く

事例Ⅳは、文章による記述問題の割合が低くない。配点比率は、概ね4割前後であろう。記述問題に上手に対応すると、時間の浪費や失点を防ぐことができる。計算問題に時間を十分振り分けるためにも、記述問題対策は重要である。

### ③記述問題は定型文を準備して穴埋め問題化する

事例Ⅳにおける最初の記述問題は、第1問の設問2であることがほとんどである。ここは、「〜で収益性が低い（高い）。」、「〜で効率性が高い（低い）。」といった簡単な説明を定型文にして穴埋め問題化することをおすすめする。各指標を説明する字数は、通常20字程度である。

### ④基本的な計算問題は確実に解答できるようにする

計算問題の頻出事項は、「損益予想」、「損益分岐点」、「正味現在価値」、「加重平均資本コスト」、「キャッシュフロー」である。特に、「正味現在価値」は、事

業性を評価するために重要である。設問1として出される比較的簡単な計算問題へ確実に対処できれば、合格ラインは見えてくる。

#### ⑤難しい問題はあきらめるのも戦略

事例Ⅳでは、難しい計算問題も出題される。第2問や第3問の最後の設問がそれにあたることが多い。事例Ⅳが得意な人はともかく、そうでない人はあきらめて先に進む選択もある。難しい問題は、残った時間で部分点獲得を目指す戦略が得策であろう。

#### ⑥第4問は早めに取り組むことで取りこぼしを防ぐ

第4問に、文章の記述問題が出ることがある。これは、定型文を準備できる設問ではない場合がほとんどである。残り時間が少なく、実力が出せずに終わってしまうと大きな失点要素となる。そのため、早い段階で心の余裕があるうちに、冷静に解答するとよい。

#### ⑦見直し時間を作る

計算問題が多い事例Ⅳでは、うっかり計算ミスをする可能性も低くはない。そのミスがそれ以降の解答に影響を及ぼしたら、1つのミスでは終わらない。特に、設問1の計算問題については、見直し時間をあらかじめ設けておくことが安全策だ。


## （6）試験当日の心得

2次試験は記憶を試す試験ではないので、当日やれることは限られる。大事なのは、自分を信じること、各事例に全力を出し切ること、後ろを振り返らないことである。事例Ⅳに取り組む前に糖分を補給し、たまった疲れを回復させよう。

# 第4章

## 私は登録養成課程を選んだ

# 多くの謎に包まれる
# 登録養成課程の実態を解き明かす

## （1）登録養成課程とは何か

　ここでは、謎が多いといわれる登録養成課程の体験を述べ、実態を解き明かしたい。

　登録養成課程とは、中小企業大学校東京校で実施されている養成課程と同等の内容で実施される中小企業診断士養成プログラムである。期間はフルタイムの6ヵ月間で実施されるもののほか、1年コースと2年コースがある。費用は実施機関によって差があり、150万円程度から300万円以上まである。登録養成課程を修了すると、2次試験および登録に必要な実務補習が免除される。

　プログラムについては後述するが、非常にタフな内容だった。私は国内MBAホルダーでもあるが、MBAプログラムよりずっとタフだった。

　若い方はご存じないかもしれないが、昔、「タイガーマスク」というプロレスアニメがあった。その中に悪役レスラーを養成する養成機関で「虎の穴」というのがあったが、厳しさは、そのイメージに近いものがある。ちなみに、タイガーマスクも虎の穴出身である。

　難関試験として有名な2次試験が免除されるには、それなりの理由があるのだ。なかには、「登録養成課程で資格を時間とお金で買う」と言う方もいる。的を射ているともいえるが、決して楽して資格を取っているわけではない。

## （2）2次試験ルートではなく養成課程を選んだ理由

　私は、1次試験終了後、2次試験の勉強を始めていたが、それだけでは独立してもすぐにはうまくいかないと思った。経験がないからだ。調べると、どうやら2次試験が免除される養成課程なるものがあることを知った。よくわからない

が、中小企業診断士として独立するためのノウハウを教えてくれそうだと感じ、「これだ！」と思ったことを覚えている。仲間もできるし、ノウハウも教えてもらえるのであれば、独立しても成功しやすいのではと考えた。これが、2次試験コースではなく、登録養成課程を選んだ理由である。

　登録養成課程は多くの大学等の機関で実施されているが、日本生産性本部（以後、「JPC」）と中小企業大学校東京校だけがフルタイムで半年間のプログラムだった。両校とも年2回実施しており、4月開講と10月開講である。

　すでに仕事はしていなかったので、この2つを候補とすることにした。

## （3）入学するにはどうすればいいのか

　私が登録養成課程に入学するまでの実体験を述べる。かなりドタバタして入学したことがわかると思うが、決してこのようなことがないよう、前もって調べておいてほしい。反面教師として読んでもらいたい。

　診断士の1次試験は、例年8月の第1週に行われ、1ヵ月後に合格発表があり、2次試験は10月の第3週に実施される。私が1次試験を受験したのは2019年8月だったので、登録養成課程に進学するのは、翌年の4月開講からになると思っていた。

　1次試験終了後、2次試験の勉強をしながら登録養成課程のことを調べていたところ、8月20日にJPCで説明会があることを知り、すぐに申し込んだ。

　説明会を聞いて愕然とした。なんと、その年の10月開講コースの入学説明会だったからだ。つまり、8月に1次試験を受験し、同じ年の10月開講コースに通うことができるわけだ。翌年の3月に修了するので、最短で翌年の5月には診断士登録ができる。これは、2次試験合格組とほぼ同じだ。このスケジュールでいけるのはJPCだけであり、登録養成課程の中では最短で診断士登録が可能となる。

　1次試験から入学まで実際に何をしたのか、時間軸でまとめると、**図表 4-1-1**のようになる。

図表 4-1-1　1 次試験から登録養成課程入学まで

| | | |
|---|---|---|
| 8 月　3 日 | 土 | 中小企業診断士 1 次試験 1 日目 |
| 8 月　4 日 | 日 | 中小企業診断士 1 次試験 2 日目 |
| 8 月 13 日 | 火 | 日本生産性本部中小企業診断士事前説明会参加申込み |
| 8 月 20 日 | 火 | 日本生産性本部中小企業診断士事前説明会参加 |
| 9 月　3 日 | 火 | 中小企業診断士 1 次試験合格発表 |
| 9 月　4 日 | 水 | 中小企業診断士 1 次試験合格証入手 |
| 9 月　5 日 | 木 | 日本生産性本部応募書類送付手配（特定記録郵便） |
| 9 月 12 日 | 木 | 日本生産性本部書類審査合格発表 |
| 9 月 17 日 | 火 | 日本生産性本部面接試験 |
| 9 月 18 日 | 水 | 日本生産性本部登録養成課程合格発表 |
| 9 月 25 日 | 火 | 日本生産性本部入学書類入手 |
| 9 月 27 日 | 金 | 受講料振り込み |
| 10 月　3 日 | 木 | 日本生産性本部中小企業診断士コース開講式 |

　非常にあわただしい日々だった。特に、1 次試験の合格発表の後があわただしかった。わずか 1 ヵ月後には、登録養成課程に入学していたのだ。

　次に、応募書類と面接試験について説明する。

**①応募書類**

　応募書類は、審査申込書、履歴書、職務経歴書、志望動機書（A4、3 枚以内、形式自由）、1 次試験合格証書（コピー）、健康診断書である。審査申込書は決まった書式があり、JPC のホームページからダウンロードできる。

　書類の中では、志望動機書作成の負荷が少しあるので、登録養成課程の受験を検討されている方は、前もって準備しておくといい。

**②面接試験**

　会場到着後、控室に通される。そこには、私を含めて 3 名の受験生がいた。面接の前に、ちょっとした「架空のストーリー」が配られる。そこには、経営診断実習の架空のストーリーが記載されており、もし、あなたがそのチームのリー

ダーであった場合、どのような対応をするか、面接で問われると書かれていた。

　面接会場に入ると2名の面接官がすでに着席しており、促されるまま着席し、面接が開始される。まず、5分間の持ち時間が与えられ、自己紹介をする。なお、持ち物は自由であり、私は、応募書類を手元に準備して臨んだ。聞かれる内容は、主に3つである。1つ目は、これまでの経歴、2つ目は、志望動機、最後は、与えられた「架空のストーリー」についてである。

　面接は圧迫面接ではなく、和やかなムードで進められる。面接での最後の質問が印象的であった。それは、「体力に自信はありますか」である。なぜこの質問があったかについては、入学後知ることになる。

　面接で同じ組だった2名も開講式に参加しており、互いに再会を喜んだ。JPCの合格率は非公表であるが、高い印象である。

## （4）プログラムの特徴

　JPCのプログラムの最大の特徴は、トータル約50日以上にも及ぶ現地泊り込みで行われる経営診断実習である。インストラクターは全員実務家であり、JPCの現役コンサルタントである。

　前半の3ヵ月（10～12月）が経営診断Iであり、座学の講義が中心である。座学のテーマは1次試験の内容に近いが、より実務的になっている。11月の終わりに、最初の製造業経営診断実習がある。この最初の実習が、一番大変だった。私はリーダーを務めたが、初めてづくしで苦労が絶えなかった。12月には、流通業経営診断実習が行われる。最後に、理解度把握試験（筆記試験）が行われ、2回の経営診断と筆記試験の結果をもとに後半の経営診断IIに進めるかどうか判定される。同期は全員晴れて、経営診断IIに進むことになった。

　1月からの経営診断IIの内容は大きく変わり、3ヵ月間で4回の経営診断と4回のケーススタディのレポート作成が課せられる。負荷の大きさは、経営診断Iとは比べものにならない。

図表 4-1-2　経営診断実習の流れ

| 1. 事前準備 | ・従業員意識調査 |
| | ・内部能力分析（財務分析等） |
| | ・外部環境分析（業界分析等） |
| 2. 現状分析 | ・事業概要把握、工場・店舗施設調査 |
| | ・経営幹部ヒアリング |
| | ・資料分析 |
| 3. 改善案作成 | ・重要経営課題の設定 |
| | ・プロジェクト編成、テーマ別分析の実施 |
| | ・改善案の作成 |
| 4. 報告 | ・経営診断報告会の実施<br>（現状の重要課題に対する改善案の提示） |
| | ・報告書の作成 |

### ①経営診断実習

経営診断実習の流れは、**図表 4-1-2** のとおりである。

経営診断では、インストラクターの指導の下、7、8名のチームが編成され、全員が現地に9日間連続で宿泊して行われる。まさに、朝から晩までチーム全員でクライアント企業について考え、議論を交わすホットなカリキュラムである。クライアントに報告するプレゼン資料や報告書も膨大であり、それぞれ200枚、150枚程度になる。これを、わずか数日で作るのである。とてもきつい日々であったが、今となってみれば良い思い出である。

### ②ケーススタディ

受講生にとって経営診断実習とともに負荷が大きいのは、ケーススタディである。講師が作成したオリジナルケースをもとに、レポートを作成することになる。進め方は、初日の午前中に講師がケースの概要説明を行う。午後から個人ワークを開始し、2日目一杯でレポートを完成させる。3日目の朝、レポートを提出し、チームに分かれてレポートの内容を共有し、チームとしての意見をまと

める。そして、最後にチームとしての意見をプレゼンし、質疑応答を受けることになる。このレポートは採点され、返却される。

経営診断Ⅱでは、経営診断実習とケーススタディを交互に繰り返すため、3ヵ月間、高負荷状態が継続する。経営診断Ⅱの最後になって、面接のことを思い出したものだ。面接での最後の質問の意味をかみしめたことを覚えている。「体力に自信はありますか」──そうなのだ。これが最も大事な質問だったのだろう。

## （5）資格の他に得た財産

最後の経営診断実習が終わると、修了審査が行われる。2次試験組にも筆記試験に合格すると口述試験があるが、それと同じである。過去の経営診断実習で担当したインストラクターからの質問を受ける。この面接は、形式的なものというより、圧迫面接に近い厳しい内容であった。

これですべてのカリキュラムは終了し、審査の結果が合格であれば、終講式で修了証が授与される。過去には修了することができず脱落する人もいたようだが、無事全員揃って終講式を迎えることができた。

半年間にわたる課程を終え、振り返ると多くのものを得た。最も大きな財産は、苦楽をともにした同期とのつながりである。今後もこの関係は大事にしていくつもりだ。

6回の経営診断実習の経験も大きな財産だ。非常にハードでタフな内容であったが、その分、幅広い経験を積むことができたからだ。人事制度の構築、中期経営計画の策定なども含めて、広く経験できたことが自信になった。クライアントからの要望について、何らかの対応ができるのではないかという自信に近いものが芽生えたことも大きいと思う。実際にできるかどうかわからないけれど…。

最後に、登録養成課程を選んで本当に良かったと思う。時間や費用の制約があり、多くの方が踏み切れないと思うが、選択できるのであれば、自信を持って推奨したい。

# 2次試験に2度失敗したら、ただちに登録養成課程を検討すべし

## （1）1次試験は積み上げの勉強、2次試験は向き不向きが存在する

### ①診断士試験に当たって

すでにご存じのことと思うが、1次試験で420点以上（7科目の合計累積点）を取得した者だけが、当年度と翌年度の2次試験の受験資格が与えられる。そして私は、この2度の2次試験でも結果が出せなかった受験生に対しては、ただちにその足で養成課程へ進学することをおすすめしたい。

### ②1次試験と2次試験の違い

予備校講師の話を聞いたり、先輩受験生の例を見たりしていると、1次試験は各種知識を試すためのものであり、学習にどれだけの時間を費やしたのかが、合否の分かれ目となることがわかる。このため、誰でも学習時間に比例して、合格の確率は高まり得る。

しかし、2次試験は1次試験で問われた知識を応用することができるかを試すものである。そして、出題者の意図に沿った解答を模索し、それを規定時間内（各事例80分間）に記述することが求められ、国語力も重要視されるなど、1次試験と2次試験はその性質も目的もまったく違うものとなっている。

### ③診断士の試験対策と注意点

また、1次試験合格者には、当年度と翌年度の2度（2年間）にわたり、2次試験の受験資格が保証されている。いいかえれば、この間は1次試験の学習にわずらわされず、2次試験の学習対策に専念できることになる。

しかし、この2度の2次試験で結果を残せなかった場合、その翌年に改めて1次試験（7科目）の受験からやり直す必要に迫られ、1次試験（7科目）とともに2次試験（4科目）の学習対策に迫られる。

　私は、何度も再受験を繰り返す「負のループ」に陥り、膨大な学習時間に自らうごめき、苦しみ、ついには知識も能力も有していながらも、診断士として活躍する志を辞してしまった残念な受験生を何人も目の当たりにしてきた。

## （2）2次試験と登録養成課程のメリット、デメリット
### ——試験組と養成組の違いと評価

　診断士として登録するためには、2次試験に合格し、実務補習（実務従事）を修了するか、中小企業庁が認定する登録養成課程を修了するかの2通りの道しか存在しない。

　そして、俗に前者を試験組、後者を養成組と称し、それらにはそれぞれメリットやデメリットが存在するものの、いずれのスタイルを選択するにしろ、診断士として登録するのが目的であることに違いはないはずである。

　また、そのメリットやデメリットを定量的に比較できる要素は、「コスト」と「時間」のみであり、試験組の場合、仮に大手の専門学校に通学すれば、学費約30万円（年間）＋通年模試約2万円＋実務補習15万円の計47万円を要するのに対して、養成組は学費約170～390万円（1～2年間）と大きな差が生じている。

　定性的な比較としては、試験組が数限りないほどのペーパー診断を繰り返して課題に挑み続けるのに対して、養成組は専門の研究機関のアカデミックな雰囲気（審理追求、論議の繰り返し）の中で学習が進められ、実務実習も累計5回を数えるところに違いが見い出せる。

　そして、登録養成校は入学してしまえば、2次試験の受験が免除される。このため、受験生の中にも受験の苦労がなく「楽」、2次試験に受からない者が行く教育機関（学校）とのネガティブなイメージがつきまとうのも事実であるが、診断士として本気で活動を志す覚悟がなければ、約170～390万円の学費は捻出できるはずもなく、その選択も困難となるだろう。

## （3）ゴールは診断士登録の先にこそある

### ①2次試験受験勉強に対する疑問

　私は、2次試験を3度も経験した上で、診断士登録養成課程に通い、2020年4月1日に診断士登録をした。ただ、当初から登録養成課程へ進むことを想定していたわけではない。

　通常、2次試験の学習では、点数を獲得するための手法として、キーワード、接続詞、強調表現や繰り返しの箇所を一つひとつチェックし、文意を探り、出題者の意図を意識した解答を時間内に記入する。このような「作業」を日々繰り返すことに、私は疑問を感じ始め、ついには診断士の受験勉強ではなく、コンサルタントとしての学習がしたいと渇望するようになっていった。

　またその頃は、私自身が診断士になった後のことが一切イメージできず、受験勉強だけでは望めないアカデミックな学習環境の中に変化を求め、自身のスキルを磨き、人脈を築きたいと望んだことも事実であった。

### ②登録養成課程の学習スタイル

　診断士登録養成課程は、入学しさえすれば、半分以上は診断士になったのも同然である。しかし、自身のこれまで蓄積した診断士の学習知識とスキル及びそれらに対する考え方が、登録養成課程の中で自身の成長を左右する。

　診断士登録養成課程のカリキュラムは、どれも診断士としての応用力の習得を目的としており、診断士になるためだけではなく、診断士登録した後のコンサルタントを養成するための内容になっている。自身にその準備と意識がなければ、登録養成課程を修了しても、診断士資格を取得しただけで終わり、高額な費用を払って残念な結果になりかねない。

　私が受験生に尋ねたいことは、「何のために、辛く長い学習を繰り返しているのか」である。即座に「診断士試験に合格するため」との回答が返ってくるとは思われるが、私がここで尋ねているのは、診断士試験に合格した後にどうしたいのかである。

　合格のみを目的として、その後は診断士としてのキャリアを持っただけで従前

と変わらぬ生活を望むのであれば、決して安くない費用までかけて、登録養成課程へ進むことはないと思う。しかし、診断士として活躍したい、独立したいと望むのであれば、いつまでも受験に時間や労力を費やすのは得策ではない。登録養成課程へ進むことを考えるべきである。

　そして、登録養成課程で学習するためには、１次試験の知識を持ち、２次試験も経験していることが望ましいと思う。

### ③理想的ルート１：２次試験へのチャレンジ

　私が考える１つの理想的なルートとしては、１次試験に合格し、当年の２次試験を経験する。その２次試験で結果が出なければ、翌年は２次試験の学習に専念し、集中的に受験勉強をする。これにより、自身の診断士としての知識とスキルを塗り重ね、幅と奥行きを広げていき、診断士になるための下準備を構築する。

### ④理想的ルート２：登録養成課程への切り替え

　そして、２年目（２度目）の２次試験でも結果を出せなかった場合には、試験組より名誉なる撤退をして、ただちに養成組に切り替えて、コンサルタントとしての学習を始めてほしいのである。

　１次試験や２次試験の受験勉強を通じて、コンサルタント学習の準備を行って来た方は、登録養成課程で診断士登録後の学習、いうなればコンサルタントとしての学習を始める準備が既にできているため、受験勉強より実学に切り替え、診断士登録後の自身の姿をイメージしてほしいと思う。

　なお、登録養成課程に入っても、１次試験の知識が不安定であれば、コンサルタントとしての学習についていけず、また２次試験を経験していなければ、コンサルタントとしての学習が腹落ちしないことになるはずである。

　決して安くはない登録養成課程を選択し、歩みを進めるからには、その場を支配・リードするほどの気概と知識・スキルを持たなければ、コンサルタントとしての学習をする意味合いが半減してしまうだろう。

## （4）今、診断士が必要とされているわけ

### ①よりよい選択の条件として

最後に私がいいたいのは、複年数の受験から得られるものは、あまり多くないのではないか（費用対効果）ということである。「診断士試験の受験目的は何なのか」、「登録養成課程への進学を躊躇させるものは何なのか」——こうしたことをよく考え、診断士登録後、コンサルタントとして自身が活躍する姿をイメージしてほしい。

### ②時代の要望として

わが国の中小企業は約 360 万社もあり、それに対する診断士は約 2.7 万人前後の登録数で推移している。中小企業は多様な悩みを抱え、診断士への需要と期待は近年、ますます高まっていると感じられ、私もこれらの中小企業の力になりたいと思っている。

そして、私は読者の皆さんが早々に診断士登録を済ませ、中小企業から「期待される中小企業診断士」として、今後一緒に仕事ができる日のことをとても楽しみにしている。

第**5**章

私はこのように
診断士資格を活かしている

# 診断士の資格があるからこそ！
# 初年度で 1,000 万円稼ぐ秘訣

## （1）診断士資格の有無でこれだけの差がある

　早速で恐縮だが、読者の皆さんは、中小企業診断士という資格の有意性をどこまで認識しておられるだろうか。

　私は診断士の 1 次試験と行政書士試験に、同年度で合格することができた。その後、診断士養成課程に通いながら行政書士登録をして、行政書士事務所も開業した。実をいえば、行政書士事務所を立ち上げる 5 年前から、経営コンサルティング事業が主の株式会社も起業していた。にもかかわらず、まったく経営コンサルの仕事はなかったという情けない状況であった。

　実績からいってしまえば、診断士登録する前の売上は 250 万円程度であったが、診断士登録後は 8 ヵ月で、売掛金含めて売上 1,000 万円を超えることができたのである。

　当時、情報処理試験（上級システムアドミニストレータ）と行政書士とのダブルライセンスになり、前途洋々と思っていた。しかし、行政書士事務所として口を開けてお客様を待っていても、誰からも何も問い合わせは来なかったのである。「IT ができます」と言っても、具体的に何を解決してくれるのかを伝えないと、見向きもされない。受け身体質だと、これほどお客は来ないものなのかと感じていた。

　そこで、思い切って、「来年は中小企業診断士になり、経営診断ができるようになります」とアピールしてみたところ、「中小企業診断士」という言葉に、大きな威力があることを実感した。診断士の資格取得の有無には、いや取得する前から雲泥の差があることを、診断士初年度で 1,000 万円を売り上げた事実が裏付けている。

　なお、売上の比率を契約別にみていくと、6割が顧問契約料、3割が受託契約料、1割が講演・執筆・講師料という具合である。

## （2）診断士になる前から業界にアプローチする

　皆さんは、中小企業診断士となり、プロの経営コンサルタントになった時、何を一番、重要視するだろうか。

　私が診断士になった時、いや診断士になる前、登録する前から最重要視したことは営業である。一言で営業といっても幅広く、たとえば、マーケティングであり、アピールであり、自己プロモーションである。

　アプローチする相手も重要である。私は、診断士になるまで20年間、IT業界に携わっており、ITは比較的詳しい方だと思っていた。そこで、ITをキーワードとし、IT業界以外の中小企業、つまりユーザーは、ITのことを誰に相談しているのかを調べた。なぜなら、ITに関する悩みは、その相談相手に集中しているはずだと考えたからだ。**図表5-1-1** は、「2018年版中小企業白書」に記載されていた社外におけるITに関する事柄の日頃の相談相手についての調査結果である。

　よく見ると、地元のITメーカ・販売会社がトップであり、2番目が公認会計士・税理士である。そこで私は、地元のITメーカのうちホームページ制作会社に的を絞り、「ホームページ制作では、納品しただけで顧客との接点が終わっていませんか。Webマーケティングも含めた経営戦略立案にまで事業を広げてみませんか。中小企業診断士と一緒に」といったPRを始めた。ホームページ制作会社は、完成し納品したら顧客との接点はなくなってしまうと仮定した。顧客と離れないためには、マーケティングと経営戦略の付加価値を付けることにより、顧客との接点を広げることが必要だと考えた。また、私自身もITと経営診断という得意分野を活かし、ホームページ制作会社とWin-Winな関係が築けるのではと考えたのである。

　結果は、とても熱心なホームページ制作会社と出会い、業務提携や顧問契約を

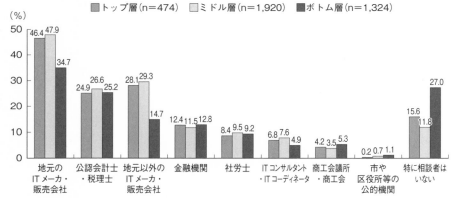

図表 5-1-1　社外における IT に関する事柄の日頃の相談相手

■トップ層(n=474)　□ミドル層(n=1,920)　■ボトム層(n=1,324)

資料：三菱 UFJ リサーチ＆コンサルティング(株)「人手不足対応に向けた生産性向上の取組に関する調査」(2017 年 12 月)
(注)　1.　複数回答のため、合計は必ずしも 100％にならない。
　　　2.　「その他の相談者」の回答は表示していない。
　　　3.　企業全体での IT 導入の総合評価で、「IT を導入し期待した効果が得られている」者をトップ層、「IT を導入しある程度の効果が得られている」者をミドル層、それ以外の有効回答者をボトム層としている。

出典：「2018 年版中小企業白書」

することができた。Web マーケティングはもちろん、DX 推進会社に発展させたいという意気込みのある会社であり、その会社の経営課題の解決策を経営者と一緒に模索しながら、その会社が持っている顧客の経営診断にも携わることができたのである。

　このように、中小企業白書を背景とし、仮説を立ててユーザーのニーズを調べるのは有効である。白書でなくても、中小企業はどのような課題を、誰に相談しているのかを調べれば、おのずとアプローチをかける相手は見つかるのである。

## （3）実務補習や養成課程を有効活用する

　診断士の登録を済ませ、名刺にも晴れて「中小企業診断士」と記載できるようになってから、さてどう営業しようか、などと呑気なことをいっていたら、登録後半年間は売上が立たないかもしれない。

　1次試験に合格してから、2次試験に合格して実務補習を受けるか、養成課程を修了するかに道は分かれる。しかし、実務補習でも養成課程でも、リアルな企業を診断することに変わりはない。そこで私は、養成課程にて経営診断をするにあたり、本当に明日からその経営者がやりたいと思うような、細かい提案をさせていただくことを心がけた。経営者が報告書を読んだ時、「これは明日にでも実行しよう」という解決策が提示できれば、自然に「支援者として協力していただけませんか」となるものである。

　つまり、診断士に登録する前から、顧問契約を取りにいくくらいの意志を持って取り組むのである。実務補習も養成課程の診断実習も、そういう意味では顧問契約を取りにいくチャンスであることは間違いない。

　既に診断士に登録している方は、実務従事がそれにあたるともいえるし、もう1つ営業ツールとして使えるのは、補助金の申請である。

## （4）補助金の申請書は、よい経営診断ツールである

　営業ツールとして、特に小規模事業者持続化補助金は有効である。

　そもそも小規模事業者持続化補助金申請書の記載フォーマットは、外部環境、内部環境、問題と課題、解決策、収支計画と、いわば簡易的な経営診断の内容であり、申請書は診断報告書のようなものである。

　私は、診断士に登録する前から、この補助金フォーマットの記載のお手伝いをさせていただいていた。このフォーマットの好都合なところは、経営者からヒアリングをしなくても、ある程度書けることである。そもそも、業種がわかれば外部環境は書ける。内部環境については、その企業の強みがたいていホームページにPRされているから、これも記載が可能である。

　販促に関する補助金であるが、販促に関わる問題や課題は、どの企業も似たようなものであり、認識しやすい。そして、これらを考慮した上で解決策を記載すれば、経営者に会うこともなく書けてしまう。この感覚は、実務補習と養成課程を受けた経験がある方にはわかっていただけるだろう。ただし、採択されるかど

うかは、また別の話であるが。

　そして、一度も会わずに申請書を経営者に見せれば、インパクトは絶大である。「お会いしたこともないのに、社員が書いたのかと思った」、「補助金申請が採択されなくても、これは実行すべきと確信した」とのお声をいただければ、そのまま顧問契約や委託契約に結び付くことは、想像に難くないであろう。

　ここで皆さんは、小企業に顧問料や委託料が払えるのかと思われるかもしれない。そこは、成功報酬型の契約やインセンティブ制にすることで小企業の負担は減るし、儲かれば小企業の売上も増える。そもそも売上を増やすことが目的で申請書を書いているはずなので、まったくダメということもないはずである。

　申請書を書いたら5万円、採択されたら10万円などといった補助金ハンターになる必要もなく、経営者に補助金がなくても実行すべきだと思わせる解決策を書くことにより、顧問契約か受託の契約に結び付くはずである。

## (5) 人生が変わったプロ診断士のノウハウとは

　営業の戦略を、ゼロから考える必要はない。何かの基準、誰かがやっていることからヒントを得て自分なりにアレンジすれば、実行まで早く取りかかることができる。

　皆さんになじみのある使いやすいフレームワークを使っても構わない。マーケティングの4Pを使うもよし、バランススコアカードを使うもよし。それらの内容の詳細については割愛するが、こういったビジネスフレームワークを自分のものにして応用すれば、試験対策にもなるし、診断士の資格をより有効に活用することができると思う。

　では、私の場合は何を使ったのか。私は16年前、サラリーマンをしている頃、診断士に私の働いていた会社のIT経営革新計画を策定いただいた。幸いにして、目の前で策定する姿を拝見できたことは、何よりも私の財産になっている。

　その時、診断士の繰り出すさまざまなコンサルの技に圧倒されたのを覚えている。それが、本書編著者の小林勇治先生であり、私が診断士に憧れたきっかけの

図表 5-1-2　5 つの観点と自分なりの戦略

| 観点 | 具体的な内容 | 自分なりに工夫した戦略 |
|---|---|---|
| マインドウェア | 考え方、人間性 | HP 制作から DX 推進へ変革 |
| ヒューマンウェア | やり方、スキル、手法 | システム構築のスキル応用 |
| コミュニケーションウェア | 約束事、ルール、規則 | 補助金申請書でやり取り |
| ソフトウェア | 知的資産、本や資料、情報 | 中小企業白書の利用 |
| ハードウェア | 物的資産、場所、移動手段 | 大学院の養成課程の利用 |

先生でもある。小林先生からは、システム構築には 5 つの観点が必要だとの教え
をいただいた。マインドウェア、ヒューマンウェア、コミュニケーションウェ
ア、ソフトウェア、ハードウェアの 5 つである。

　そのため、システムエンジニア時代に 60 件以上のシステム開発を行う上で、
その 5 つの観点を必ず盛り込んでいた。システム開発というのは難しく、スケ
ジュール、予算、品質のいずれかが守られずに納品されていくことが多い。しか
し、驚くことに、5 つの観点を考慮しながら進めると、その 60 件以上のシステ
ム開発案件は、スケジュール、予算、品質、どれも守られて完成し、納品するこ
とができたのである。これには驚いた半面、私はこの考え方を IT システム構築
だけではなく、営業や試験対策、新事業開発にも応用できるのではないかと思
い、常に頭に入れて当てはめていった。

　図表 5-1-2 は、5 つの観点を戦略に当てはめた結果を一覧にしたものである。

　このように、考え方の基盤となるフレームワークを実践的に身につけておく
と、どのような戦略を立てる際にも、ある程度、有効に働くものである。私もま
だまだ勉強中の身ではあるが、ここからさらに精進し、売上をあげるだけでな
く、このような優れたフォーマットをより精度高く使いこなせるようになりたい
と考えている。

## 5-2

# Web制作と診断士の相乗効果で
# 中小企業支援を進める

　私はWeb制作会社勤務を経て2006年に独立し、フリーランスで中小企業のホームページ制作を行ってきた。ここでは、診断士資格を取得後、どのように仕事の幅を広げてきたのかをご紹介したい。

## （1）なぜ、診断士資格を取得したか

　中小企業のホームページ制作は、直接経営者と対話しながらすすめることが多い。また、制作後も、運営やメンテナンスのため、長期的なお付き合いに発展するケースが少なくない。こうした中で、経営者からさまざまな経営上の悩みや課題をうかがうことがあった。私を信頼してお話しいただくのをうれしく感じる一方、聞くだけで何もできない自分にもどかしさも感じた。

　私は次第に、「もっと経営のことを理解したい。ホームページ関連だけではなく、仕事の幅を広げていけたら…」という想いが強くなっていった。そこで、経営についてどうやって勉強したらいいのかを調べているうちに、中小企業診断士の資格にたどり着いた。

　資格取得を目指してからは、仕事・家事・育児・勉強…と目まぐるしい日々が続いたが、家族の支えもあり、2020年春に診断士の資格を手にすることができた。

## （2）Web制作から診断士業務へ仕事が広がる

　資格取得後は診断士協会や研究会に所属し、ネットワークを作り、実務スキルを磨こう、営業活動にも力を入れていこうと考えていたが、新型コロナウイルスの感染が拡大し、あらゆるイベントや会合が中止になっていった。そんな中、幸運にも仕事をいただくことができた。

**①実習先企業からの Web 制作依頼**

　資格取得後、初めて仕事をいただいたのは、経営診断実習先の企業からだった。実習の際、私はホームページの改善や Web マーケティングを担当したのだが、「ぜひ、提案内容を実施したい」との評価をいただくことができた。プレゼン後に、「ホームページのリニューアルを依頼したい」と経営者からありがたい声かけをいただいていたため、お言葉に甘えて連絡を取り、受注に至った。

**②資格取得後初の Web 制作業務**

　ホームページの制作にあたっては、企業の方向性や経営課題を把握し、3C（顧客・競合・自社）（図表 5-2-1）を強く意識して企画を行った。すなわち、「ターゲットは誰で、どんなニーズがあるのか」、「競合の優位性は何か、集客経路はどうなっているのか」、「自社の優位性は何か、どんなポジションをとるのか、今後力を入れたい事業は何か」といったことを分析してコンセプトを決め、コンテンツや必要な機能を提案した。また、見る人に伝わりやすい文章を心がけ、更新の負担を減らす仕組みづくりを行った。

図表 5-2-1　3C 分析

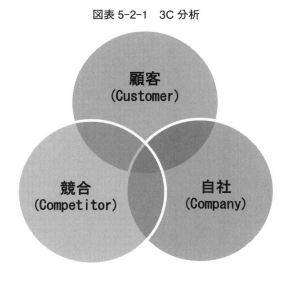

リニューアル後は検索エンジンからの流入が急増し、3ヵ月で訪問者数が300%増という結果を得ることができた。

### ③企業ブランディングの一端を担う

ホームページの制作と同時に、差別化の一環として企業キャラクター制作を提案し、社外のデザイナーとともに制作を行った。企業の強みや事業ドメインについて、経営陣らと何度も話し合った末に生まれたキャラクターは、社内外に好評で、ホームページやYouTubeチャンネル、提供サービス内でも活躍している。企業のブランディングの一端を担えたことに、やりがいや面白さを感じた。

### ④診断士としての業務支援

ホームページや企業キャラクター制作後は、他にも支援できることがあることに気づき、リストアップして提案を行った。現在はWeb関連業務以外にも、販路開拓支援や中小企業施策紹介など、幅広い業務を行っている。

Web制作と診断士、スキルの掛け算による相乗効果を感じている。

### ⑤既存顧客からも経営相談が寄せられる

また、以前ホームページを構築した既存顧客から、資格取得後は経営に関するご相談をいただくようになった。新規事業、販路開拓、IT導入、サービス改善、従業員についてなどである。経営者のさまざまな悩みに寄り添い、少しずつ自分の引き出しを増やしながら、仕事の幅を広げていければと考えている。

## （3）学ぶことが多い公的支援

現在、私は自治体が独自に設けた公的支援制度の事務局で、週に1、2度、業務を行っている。私にとっては初めての公的支援だ。コロナ禍で売上が減少した事業者向けの制度で、申請書類のチェックや対応を行うのが主な業務である。

新規制度のため、要項から外れた個々のケースに対するマニュアルがまだなく、複数の診断士と話し合いながら業務を進めている。自分と異なるバックグラウンドを持つ診断士の知見に触れながら実務に当たることで、とても学ぶことが多い。また、それぞれの中小企業の置かれた背景を理解しながら支援を行うこと

にやりがいを感じている。こうした公的支援業務も、継続して行っていきたいと
考えている。

## （4）業態変化で診断士と Web 構築のダブルスキルが生きた

コロナ禍の今、あらゆる業種でオンラインへの業態変化が進んでいる。「どの
ようなホームページを構築すればいいのか」、「どのようにネットで集客すればい
いのか」、「使いやすい Web サービスにするにはどうすればいいか」など、Web
関連の悩みに対するコンサルティング需要が高まっている。

今年度の補正予算で、「中小企業デジタル化応援隊事業」という IT 専門家派
遣事業が行われているが、相談の多くがホームページ構築や Web マーケティン
グに関するものである。私も現在、IT 専門家として登録している。

相談に対しては、課題を洗い出し、調査・分析し、助言を行う。こうしたコン
サルティング業務には経営視点が必要になるため、診断士資格取得での学びが大
いに生きている。

また、今年度は小規模事業者持続化補助金や IT 導入補助金など、Web 関連事

図表 5-2-2　中小企業デジタル化応援隊事業 Web サイト

出典：中小企業デジタル化応援隊事業

業への補助金が大きく拡充された。既存顧客にホームページ・ECサイト構築や
IT導入に使える補助金があること、私が申請支援できることをお伝えすると、
どの経営者も大きな関心を持って聞いてくれた。コロナ禍でオンラインの強化を
考えていた経営者の肩を押すきっかけになった。

　経営視点を持った販路開拓提案、Web制作、補助金申請支援が同時にできる
専門家は少ない。業態がITを活用した非対面に変化する中、自分の強みが生き
ることになった。

　今後も、Web関連のコンサルティング需要は拡大すると考えている。現在、
デザイン・制作業務は適切な人材に任せられる体制を整えている。私自身は、診
断士資格を活かせるコンサルティング業務にシフトしていくつもりである。

## （5）自社サイトからの問い合わせ獲得

　これまで「ホームページ制作会社」としていた自社サイトを、今年、「中小企

図表5-2-3　自社サイトの一部

出典：オフィスレゾネイト　https://www.webchoice.jp/

業診断士事務所」としてリニューアルした。リニューアル直後、2件のコンサルティングの問い合わせがあり、非常に驚いた。Webからの集客を得意分野としているので、当たり前といえば当たり前なのだが、コンサルティング業務はネットでは受注できないと思い込んでいた。

　ネットでも集客できること、ニーズがあることはわかったので、早急に自分なりのコンサルティング体系を整え、自社サイトの訴求力を高めていきたいと考えている。

## (6)　これから診断士として目指すところ

　今のところ、私の強みは、診断士とWeb制作、両方のスキルを持っていることだと考えている。2つのスキルを活かして企業の持つ価値を見える化し、まずはブランディング・マーケティングの支援から力を入れていきたい。

　そのためには、診断士やその他の専門家と手を組んで支援できる体制、デザイン・制作部門の優良人材ネットワーク、自分自身の提供価値の見える化・体系化が必要だと考えている。

　診断士資格を取得して1年目が、あわただしく過ぎつつある。資格取得を夢見て数年、ようやく診断士としてのステージに立てたところだが、これまでよりも大きな責任を感じ、重圧に押しつぶされそうになることもある。

　ただ、これまでは見えていなかったドアが、次々と目の前に開いてくるのも感じている。診断士に独占業務はないが、これまでの経験やスキルと合わせることで、いろいろな可能性の扉が開く。自分次第で仕事の幅を広げていくことができると実感している。

　企業を取り巻く状況は、大きく変化しつつある。常にスキルをバージョンアップしながら、経営者の悩みに寄り添い、パートナーとして伴走できる診断士を目指していきたい。

# 自分らしいあり方を模索しながら進む

　ここでの「自分らしいあり方」とは、自分のこれまでの歩みや築いてきた実績を資産として最大限に活かしながら、環境の変化やニーズに合わせて進化させ、オンリーワンを確立する姿をいう。私は、診断士資格を活かしつつオンリーワンの道を歩みたいと思い、模索しながら進んでいる。

## （1）診断士になるまでの道のり

### ①経理事務職から自称コンサルタントへ

　私は、正社員、派遣社員として、さまざまな業種の中小企業や大企業で経理実務に従事してきた。2005年頃より、好奇心からビジネス系のセミナーなどに参加するようになった。その際、起業志望の人たちから、「経理ができるからいいね」とよく言われた。

　最初は、それが何を意味するのかよくわからなかった。後で知ったことだが、起業する人たちには、営業力や専門技術を持つ人が多いが、請求書の出し方もわからないなど、経理や事務処理については経験がなく、不安を感じている人も多いということであった。

　そのような折、ある異業種交流会で知り合った女性医師から、「これから起業するが、事務的にはどのようなことが必要となるのか、お金を払うので教えてほしい」と言われた。これがきっかけで、「事務のお仕事コンサルタント」と名乗り、フリーランスとして事務の問題解決に携わるようになった。

### ②経営とIT化の知識の必要性を痛感

　特に営業はしなかったが、知人の紹介・口コミで広がっていき、一人ビジネスから中堅規模の企業までのコンサルティングを行う機会を得た。企業の問題点を

明らかにし、課題解決のプランを提示するだけでなく、スタッフがしっかり運用できるようにマニュアルの整備や実務指導も行った。

　実績の1つに、年商20億円の企業の仕入部門の業務改善において、年間約500万円のコスト削減ができた支援事例がある。アナログで行われていた処理に仕入・販売管理システムを導入して一気に生産性が向上し、業務時間が大幅に短縮できた。その上、納入価格の確認が都度可能となったことで、過剰請求による過払いがなくなるという効果ももたらした。

　印象深かったのは、当初、業務改善に懐疑的だった事務のパートの女性が、効果を実感できるようになるにつれ、冷たい態度から柔らかい態度に変わっていったことである。これは、コンサルタントとしての仕事に、非常に喜びとやりがいを感じた経験であった。

　しかしながら、当時の私は自己流だったため、要領が悪く準備のために多くの時間を費やした。何とか必要な情報を集め、プランを練り上げたが、提案のやり方も稚拙なものだった。この時、コンサルティングのノウハウやIT化のための知識とスキルの必要性をじみじみと感じた。さらに、経営者とやり取りをする中で、経営の幅広い知識も必要であると考えるようになった。

### ③診断士資格取得にチャレンジ

　2017年から診断士試験の受験勉強を始め、その年の1次試験は2科目しか合格できなかったが、翌年に幸い合格できた。2次試験は準備不足で受験したため、当然の結果として不合格であった。いろいろと迷った結果、資格を手に入れるスピードを最優先に考え、最短で確実に資格を取得できる養成課程に入ることを選択し、2019年に入学した。

　養成課程は大学院であったため、MBAも取得できた。さらに、選択科目でITコーディネータの資格取得講座も受講できた。その結果、診断士を含め3つの資格を同時進行で取得できた。毎日睡眠不足で、非常にハードな時期を過ごしたが、その分、得たものは大きかった。

## （2）診断士になって改めて考えたこと

### ①新型コロナウイルス流行を逆手に取って充電期間とした

　大学院修了時には新型コロナウイルスが蔓延し、将来の不透明感から、すぐに営業活動をする気になれなかった。そこで、世の中の情勢を見ながら、1年くらい充電期間と割り切って過ごすことにした。これまでやってきたことの整理と、今後の活動の準備に充てることにしたのである。

　診断士登録後、東京都中小企業診断士協会の中央支部に入会し、フレッシュ診断士研究会に参加している。毎月、主宰の小林先生から年収3,000万円を稼げる診断士のあり方を学び、さまざまな先輩診断士の経験発表から、診断士としての活躍の仕方のヒントを得ている。また、IT コーディネータ協会の中小企業共通EDI 推進サポータにもなり、関連する研究会にも所属して、先輩方から学ばせていただいている。

　それ以外にも、オンライン開催のセミナーを積極的に活用している。テーマは多岐にわたり、その時々に興味・関心を持ったものに参加している。

### ②自分の立ち位置と戦い方

　本格的な活動開始時期を、2021年4月と設定した。それまでに方向性を定め、戦略を立てて準備を進めることにした。オンリーワンを確立することを目標として、まずは自分の強みと弱みを明らかにし、市場の動向を再認識するためにSWOT 分析を行った（図表 5-3-1）。

　強みとして活かせる部分は、やはり長年の経理実務の経験である。IT コーディネータ資格を取得したとはいえ、システム開発などに関することについては、SE 出身者の足元にも及ばない。そこで、彼らが得意としない分野で勝負するべく、経理及び周辺業務のプロセスや会計知識を熟知していることを武器にして、企業の課題解決を支援することに狙いを定めた。

　さらに、私単独で IT 化を推進するにあたっては、システム開発を伴わない既存の IT ツールをうまく活用して、低コスト・短期間で業務改善が実現できる範囲を主たる事業領域とすることにした。

図表 5-3-1　オンリーワンを確立するための SWOT 分析

|  | 強み（S） | 弱み（W） |
|---|---|---|
| 内部環境 | ・長年、経理業務に従事、簿記1級<br>・中小企業診断士 & MBA & IT コーディネータ<br>・中小企業共通 EDI 推進サポータ<br>・デジタル化に強い（文書情報管理資格）<br>・肩書「オフィスワークプロデューサー」登録商標 | ・自社サービスの認知度が低い<br>・ホームページ、SNS 等での発信ができていない<br>・SE 出身でないため、システムに強くない |
|  | 機会（O） | 脅威（T） |
| 外部環境 | ・テレワークの急速な広まり<br>・デジタル化への動きが加速<br>・中小企業共通 EDI 普及を国が推進<br>・2023 年インボイス制度の導入<br>・安価で利用できる IT ツールの増加 | ・コロナ倒産の急増<br>・企業の資金繰りが厳しい<br>・公的機関での無料相談（競合） |

　ただし、中小企業共通 EDI 導入などのように複数企業が絡み大がかりとなるものについては、システムに強い専門家が主導する支援プロジェクトに積極的に参加し、私の得意とする部分で力を発揮していきたい。

### ③ブランディングで差別的優位性を確立

　「中小企業診断士と名乗っても、他者から見れば大勢いる中の1人にすぎず埋もれてしまう。何に強い専門家なのかを覚えてもらえなければ、顧客に選んでもらえない。そのためには、自己のブランディングが必要である」と、あるセミナー講師が言った言葉が、心に強く響いた。

　自己ブランディングには、以前から関心があった。以前の肩書である「事務のお仕事コンサルタント」は専門家としてインパクトに欠けると言われたこともあり、4年前に「オフィスワークプロデューサー®」という肩書を商標登録していた。この肩書を利用することとし、曖昧にしていたコンセプトを次のように明確にした。

　「オフィスワークプロデューサー®」とは、企業のオフィスワークの役割・や

り方を環境の変化に応じて進化させて、企業に利益をもたらす仕組み作りと、経営者や従業員が働きやすい環境作りの支援をする人のことである。

### （3）今後の展開

#### ①専門家としての希少性を高め深めていく

専門家として指名をいただき、高単価で仕事を受けられるようになりたい。それには、自分が提供することに希少性があることが必要となる。希少性を出すには、専門領域を3つ以上、組み合わせられるといいといわれている。

私の場合は、前述のように経理・会計分野の専門家であることを切り口として、業務改善に必要なIT化とデジタル化、さらに売上を増やすために欠かせないマーケティングを組み合わせることとした（**図表5-3-2**）。

IT化は、生産性向上やスピード経営を実現するために欠かせないものであり、AI・RPAや中小企業共通EDIなどは、今後ますます需要が見込まれる。また、2023年のインボイス制度導入は、システムへの影響も大きい。税務の知識も積極的に取り入れ、適切な助言ができるよう努めたい。

デジタル化については、新型コロナウイルスの影響でテレワークが急速に広まるにつれ、業務の支障となっている書類（紙）やハンコをなくそうという動きが加速している。会計書類などのデジタル化を規定している電子帳簿保存法においても、規制緩和がなされている。このような流れに対応すべく文書情報マネジメントの知識を得るために、文書情報マネージャーや文書情報管理士2級の資格も取得した。

図表5-3-2　希少性を出すための専門領域の組み合わせ

　マーケティングは、手はじめに MBA 取得のために学んだことを実践して、自分の事業において活かしていく。特に、Web マーケティングでのブランディングや集客で成果を出したい。その実績をもって、企業に助言できるようになりたい。これについては、中長期の戦略として進めていく。

### ②最適なパートナーと関係性を構築していく

　中小企業経営者の一番の相談相手は、税理士であることが多い。幸いなことに、税務会計以外の経営課題解決にも積極的にサービス展開しようとしている税理士法人とのご縁ができた。今後、補助金申請や業務効率化についての顧問先への提案や相談対応に、一緒に関わらせていただくことができそうである。

　それ以外に、テレワークや生産性向上、働き方改革というテーマで関連性が深いのが社会保険労務士である。知人の中にも数名いるため、声をかけてパートナーシップを構築していきたい。

### ③Web で情報発信して顧客を開拓

　診断士の活躍の場として、中小企業庁管轄の機関や商工会議所などが設けている経営支援がある。オンリーワンを目指す立場から、私はこれらをあえて競合相手と考えたい。経営課題解決の相談先としてさまざまな選択肢がある中で、有料であっても私にお願いしたいと言っていただけるようになりたいからである。

　そのためには、私の取り組みや姿勢に共感していただき、ファンになってもらえる人が増えること、さらに実際の支援で成果を出し、高評価をいただくことが必須である。まずは、専門領域を中心とする情報をブログや SNS など Web 上で発信する。時間はかかりそうだが、地道に続けていく。

　以上のことは、私が診断士資格を活かしつつ自分らしいあり方を実現するための方向性を示したものである。ここに記したことは、これから着手していくことの方が多く、恐縮であるが、本書の執筆を、有言実行とせざるをえない状況を作る機会とさせていただいた。1年後の成果に期待したい。

# 診断士登録直後に
# 勤務先の会社で補助金を獲得

　私は、2016 年の診断士登録直後に、当時の勤務先の中小企業において補助金申請を行う機会を得た。その経緯と申請時及び申請後の留意点、補助金獲得の波及効果、及びそのことをきっかけにした自分の今後の事業領域について紹介する。

## （1）なぜ、補助金を申請したか

### ①補助金とは

　「補助金」とは、政府が私企業や個人などの民間部門に対して行う一方的な貨幣の給付である。流れとしては、国や自治体から公募があり、申請者が申請書等を提出し、審査を経て採択された者に対し、事業のための必要経費が補助される。補助金を種類別に分けると、図表 5-4-1 のようになる。

図表 5-4-1　補助金の分類

| | 小型補助金 | 中型補助金 | 大型補助金 |
|---|---|---|---|
| 代 表 例 | 小規模事業者持続化補助金、創業補助金など | ものづくり補助金など | NEDO、新連携、医工連携など |
| 対　　象 | 株式会社等法人はもちろん、個人事業主が申請できるケースも多い | 株式会社、合同会社など、法人対象の場合が多い | 株式会社、合同会社など、法人向けである。申請要件として、連携が必須のことも多い |
| 補助費用 | 100 万円前後 | 1,000 万円前後 | 1,000 万円超（複数年の場合もあり） |
| 補　　足 | 人件費が出ないものが多い。国の補助金に、地方自治体が加算する場合もある | 人件費が出ないものが多い。地域の成功モデルなど、政策要件への合致が必要 | 人件費が出るものが多いが国の成功モデルとなる新規性が必要。連携体制が必須の場合が多い |

**②新規事業の資金として新連携補助金を活用**

　私は、創立10年程度のITベンチャー企業で新規事業部門の仕事をしていた。地元の広告代理店と提携し、その地域の子供のいる家庭向けに「おでかけ情報ウェブサービス」を立ち上げようとしていた。

　このサービスの特徴は、ゲーミフィケーションにより、旅行前、旅行中、旅行後を通じて、お出かけを楽しめるというコンセプトであった（**図表5-4-2**）。

　私は、診断士資格の取得直後で補助金や行政支援制度の活用に関心があったため、上司に相談したところ、申請してみようということになった。

　はじめは「よろず支援拠点」で、専門家の診断士の先生に「経営革新」を紹介され、申請し、採択された。さらに調べると、「新連携」という認定・補助金制度が、自分たちの取り組んでいた事業に当てはまるのではないかと着目した。

　新連携とは、異分野の2社以上の中小企業事業者あるいは大学とも連携し、両社の経営資源（設備、技術、個人の有する知識及び技能その他の事業活動に活用

**図表5-4-2　申請した新規事業のビジネスモデル**

図表 5-4-3　新連携の全体図

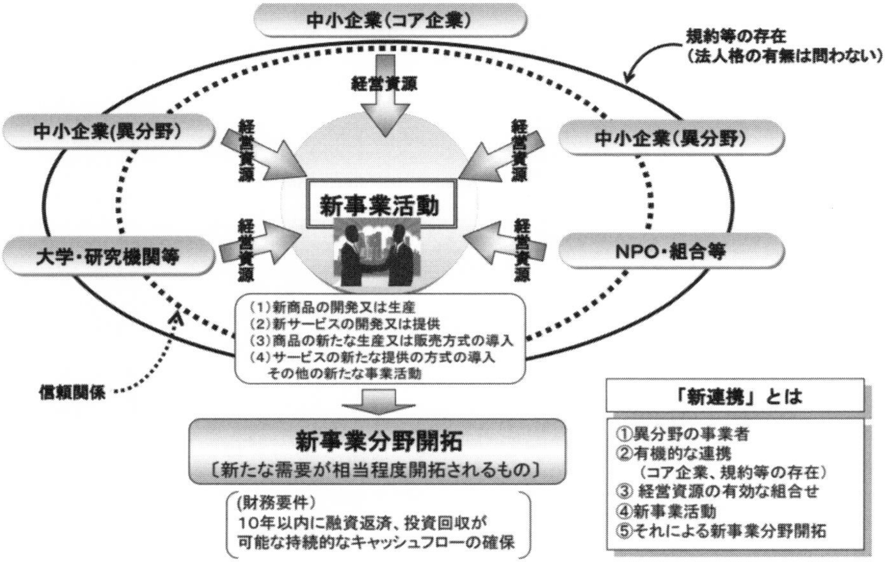

出典：中小企業庁

される資源）を有効に組み合わせて、新事業活動を行うことに対する認定・補助金制度であり、最大3,000万円・補助率3分の2の補助金を2年間受け取ることができる。

　しかし、新連携で補助金を受けるためには、事業について中小企業基盤整備機構（以下、「中小機構」）に法認定を受け、その後、経済産業省の地方組織である経済産業局へ補助金を申請するという2段階を経る必要があった。しかも、法認定申請と補助金申請が同時に行えるチャンスは、1ヵ月後の4月中旬のみ。

　早速、地元の中小機構を訪問した。その後、中小機構のマネージャーが忙しい中、毎週土曜日朝にオフィスを訪ねてくださり、申請書を作成、提出し、審査を経て、法認定と補助金が同時に採択されることとなった。

## （2）大型補助金の資金獲得以外のメリット

　大型補助金を採択されることの最大のメリットは、事業資金の獲得である。ただ、ここで私が強調したいのは、特に年に数千万円になる大型補助金におけるお金以外のメリットである。

### ①国や中小機構から注目され、応援されやすい中小企業になる

　新連携補助金に採択されたのは、同一経済産業局圏内で1年間10社以下であった。採択者の会合も年数回あり、地元の経済産業局や中小機構の担当者と直接接する機会が多く、地元の中小企業として注目していただき、専門家の派遣や、関連するいろいろな施策をご紹介いただいた。

### ②広報活動における信頼が獲得できる

　広報活動を行う際、「経済産業省に認定された事業」ということで、信頼を得ることができた。無料冊子の設置について、行政の保育園、幼稚園などの園長会で話す機会もいただけた。また、別団体とのコラボタイアップイベントを開催し、「ダムカード」に代表される公共配布カードを紹介する際には、国土交通省の地方組織である地方整備局の多大なご協力をいただき、地域の財団と地域の食

**コンテンツ記事の例**

文化を紹介する取材を行った。

## （3）申請時より大変な申請後の対応
### ①付箋を一つひとつクリアしていく地道な会計手続き

　補助金には税金が投入されるため、経費面も重要である。補助金の採択後、正式に事業開始を認めてもらうための「交付申請」から始まり、「中間検査」、年度末の「確定検査」への対応は、申請元（コア企業）である自社と連携先である中小企業の分も取りまとめて行うが、経理や人事はぎりぎりの人数で対応をしているため、銀行への振込みや人事の機密資料以外の対応は自分で行った。

　さらに、人件費が出る大型補助金では、会計報告のため、給与計算とは別に、15分単位での業務実績報告義務が発生する。こちらから経済産業局へファイルを持参したり、先方の担当者が訪問してくださったりして、付箋だらけの複数のボックスファイルを一つひとつ修正対応した。おかげで、補助金の会計の流れについてはよく学べた。

### ②終了後も会計検査院の訪問や書類保管などの義務がある

　大型補助金を受けた企業は、翌年度以降も会計検査院の訪問を受け、事業面と会計面について確認されることがある。特に、パソコンなどの機械設備は、違う用途に使われていないかなど、実地確認を受けるので注意が必要である。

## （4）経験を活かした現在と将来に向けた診断士活動
### ①新しい技術・概念・思いを事業化する「0.1→2人材」になる

　2020年11月、フリーランス（複業）という立場でキャリアをスタートした。私が目指しているのは、今後、世の中を変えていけるイノベーションの芽となる取り組みを事業化する起業家及び経営者へのハンズオン支援（伴走型支援）である。新しい事業を立ち上げる人材は「ゼロイチ（0→1）人材」と呼ばれているが、私はできたてのところから事業化につなげ、今後の持続的成長につなげるための「0.1→2人材」を目指していく。

## ②今後目指す支援の３つのステップ

　今後、私は以下の３つのステップで、支援をすすめていきたい。

　「ステップ１（思いから強み・持ち味を引き出す支援）」では、事業者が持つ新しい技術・思いとビジョン、そして今までの経験や持ち味から強みを引き出していく。これには、キャリアコンサルタントの資格も役立つだろう。

　続く「ステップ２（スピーディーに形にしていく支援）」では、それらの内容を他の情報や調査などをもとに文字や図に整理して、ストーリーにしていく。ここでは、自身が専門家の方にご支援いただきながら、アイデアを形にした経験が役立つだろう。

　最後の「ステップ３（補助金等を活用した事業拡大・成長支援）」では、国や自治体の補助金等の公的支援制度を活用して、事業を拡大していく支援をする。

　これらの３つのステップを通じて、私は「0.1→2 人材」として新しい技術や概念、形になっていない思いを形にし、多くの人に伝えていける「触媒」、「酵母」のような診断士を目指していく。

# 副業として福祉作業所の
# 工賃アップを支援

　現在、私は土日や休暇を活用し、副業として中小企業の支援活動を行っている。ここでは、縁あって担当させていただいた台東区の福祉作業所の工賃アップ支援の取り組みを紹介する。

　診断士は福祉の専門家ではないが、物販を行う福祉作業所に対しては、経営の専門家として支援が可能である。診断士の活躍の場の幅広さを紹介したい。

## （1）人を大切にする会社と出会い診断士人生が変わった

　法政大学で教鞭をとられていた坂本教授が執筆した『日本でいちばん大切にしたい会社』（あさ出版）を知ったのは、小林勇治先生が立ち上げた「人を大切にする経営研究会」（以下、「HK研」）の2019年7月の定例会で、坂本教授の講演を聞いたのがきっかけである。同書はすでに7シリーズ目が出版されており、読まれた方もいらっしゃるだろう。人を大切にする会社がどのような経営をしているかを、5〜8社ずつ紹介する経営書である。

　私は恥ずかしながら、坂本教授も同書も知らず、HK研の講演後の7月から8月にかけて、はじめて同書の全シリーズを読んだ。経営書にもかかわらず、どのシリーズも読んでいて涙が止まらなかった。株主優先、効率化優先、他企業とは競争、そのためにいかに外注費を安くするか、そんなビジネスとは無縁の素晴らしい企業が、従業員やその家族、お客様や外注先の社員まで大切にして経営を行う姿や具体的なエピソードに感銘を受けたのである。

　「こんな会社を支援する診断士になりたい」——そう思った矢先に、タイミングよく所属する台東区中小企業診断士会（以下、「台東区診断士会」）で福祉作業所のマーケティング支援の人材募集があった。人を大切にする会社では障害者の雇

用は当たり前であるが、障害者の雇用について自分は何も知らない。そんな状況から脱するため、台東区診断士会の募集に対し手をあげたのであった。

## （2）障害者と向き合う福祉作業所は新たな診断領域

　福祉作業所の支援は台東区の障害福祉課からの受託事業であり、診断士の活用は障害福祉課にとって初めての取り組みであった。台東区診断士会にとっても、初めて取り組む福祉案件であり、継続受注につながるよう万全を期すため、9月からの支援開始に向けて複数名でチームを組んで取り組むことになった。私のチームは、知的障害者が通う「たいとう第三福祉作業所」（以下、「たいとう第三」）を支援することに決まった。

　たいとう第三は、区から受託する清掃業務や企業からの軽作業に加え、自家製クッキーの製造販売を行っていた。クッキーの売上を伸ばして工賃をアップさせたいと考え、障害福祉課の診断士派遣に応募したのであった。売上の拡大は、まさに診断士の領域である。福祉作業所という点が異なるだけであり、診断士にとってそのスキルを活かせる新たな領域であろう。

## （3）信頼確保と情報収集は診断の第一歩

　福祉業界については当時、知識も経験もなかった。ヒアリングを行いながら要望に対して提案を行いつつ、信頼関係構築と情報収集に努めた。たいとう第三の30歳代の若き責任者には非公式な訪問も行い、お話をうかがった。

　区役所の近くまで行った際には障害福祉課に立ち寄り、担当者と支援の状況を共有した。さらに、たいとう第三のクッキーを販売している蔵前の珈琲焙煎処「縁の木」も訪問し、取引先からみた、たいとう第三についてお話をうかがった。

　私の場合、信頼関係の構築といっても特別なことをするわけではなく、対面でとにかく話を聞くだけであるが、心がけていることが1つある。相手の話に「同感」する（意見を同じにする）場合としない場合はあるが、「共感」する（その方がその意見に至った時の気持ちと同じにする）よう心がけている。この点は、

信頼関係構築に役立っているかもしれない。

　折しも 10 月の HK 研では、第 9 回「日本でいちばん大切にしたい会社」大賞の実行委員会特別賞を受賞した「ショコラボ（CHOCOLABO）」の伊藤紀幸代表理事（会長）が、福祉作業所の現状や工賃アップに向けた取り組みについてお話しされた。講演後、すぐお店に行ってチョコレートを購入し、たいとう第三との打ち合わせの場で、福祉作業所の事例商品としてご紹介した。また、伊藤会長には、ショコラボがどのように商品開発を行うかをお聞かせいただき、大変助かった。

## （4）経営理念明確化や価格戦略など診断士らしい提案を実現
### ①短期・中期・長期の提案

　2019 年度はヒアリングをしつつ、適宜アドバイスを実施した。最終の 2020 年 3 月の回では、短期、中期、長期の 3 区分で取り組む事項を提案した。

　短期としては、栄養成分表示義務化に向けたパッケージ見直しやオリジナル手提げ袋の作成を提案した。中期としては、クッキーの価格見直しや販売先の提案を行い、長期としては、新規事業の提案と経営理念の明確化について提案した。経営理念の明確化にあたっては、ショコラボの経営理念をご紹介し、理解を深め

**図表 5-5-1　ショコラボの企業理念**

CHOCOLABO 企業理念

あらゆる人々を平等に尊重し、
障がい者・高齢者・健常者が共生するコミュニティを作り、
関与する全ての人々が物心両面の豊かさを感じられる
仕組みづくりで社会に貢献すること。

出典：ショコラボ Web サイト　https://chocolabo.or.jp

図表 5-5-2　ショコラボの企業コンセプト

出典：ショコラボ Web サイト　https://chocolabo.or.jp

ていただいた。

### ②伴走支援（価格改定）

2020 年度は、3 回の伴走支援が障害福祉課に認められた。この 3 回で、中期の改善提案である価格改定に取り組んだ。値上げは工賃アップのために必要であったが、クッキーの品質に見合う価値を表すためにも実現すべきであった。

また、特に今回ポイントとなったのは、卸売価格の設定である。縁の木からのご指摘で、驚くことに、これまでの約 20 年間、誰に対しても同じ価格でクッキーを販売していたことがわかった。今後、販売を伸ばしていくためには、いろいろな店で販売してもらうことが大切であることを説明し、小売価格と卸売価格の具体案を提案し、ご了承いただいた。

### ③伴走支援（パッケージリニューアル）

値上げをするにあたり、価格に見合うパッケージに変更する提案を行った。長

**見直し前（右）と見直し後（左）のパッケージ**

きにわたり販売してきたクッキーの名称「つなぐ」（ブランド）はそのまま残し、写真のとおりクッキーの美味しさや品質に見合うよう、少し高級感を演出できる半透明の袋に交換する提案を行い採用いただいた。

　その他の提案の説明は割愛するが、診断士が企業に提案する内容と遜色がないことをご理解いただけたと思う。診断士の報酬を確保するために公的なサポートは必要であるが、福祉作業所も診断士が活躍できる領域であり、今後このような活動が増えていくことを期待したい。

## （5）案件に出会うためのヒント

　最後に、この案件以降の本件に関係する動きについてお話しをしたい。台東区からの福祉作業所に対する専門家派遣は続いている（支援先については、各期で調整）。ショコラボとは、私の勤務先でチョコレート販売イベントの企画・開催に取り組んだ。2020年3月にイベント実施日を決め、会場となる会議室の下見まで完了していたが、残念ながら新型コロナウイルス感染症の蔓延により無期延期中である。状況が好転次第、開催につなげたい。

　縁の木とは、2つの仕事でつながっている。1つは縁の木が取り組む蔵前のカ

図表 5-5-3　珈琲カスを肥料化するための新たな循環の紹介動画

出典：+Coffee（プラスコーヒー）プロジェクト紹介動画　YouTube より

フェの珈琲カス（廃棄物）を使用した肥料の開発の支援である。廃棄物の削減にとどまらず、地域の新たな循環を生み出す社会的意義のある新製品である。台東区産業振興事業団から派遣された専門家の立場で、毎月フォローしている。

　もう１つは、この新製品を作り出すための地域の循環「＋Coffee プロジェクト」を、東京商工会議所の SDGs 事例集に掲載する記事の執筆である。

　いずれも台東区診断士会からの案件で募集がかかった際、「この案件、縁の木さんに合うけど、どうだろうか」と頭に浮かび実現した。

　たいとう第三の案件をきっかけに、活動がこのように広がっている。そして、縁の木の案件に取り組んだことで新たな出会いがいくつもあり、次の広がりが待っていることであろう。診断士の案件は、人とのつながりの中で生まれてくるものだとつくづく感じる。人とのつながりが案件に出会うためのヒントであることをお伝えして、締めくくりたい。これからも、研究会や診断士会、行政の方々、そして中小企業の方々とのつながりを大切にしていきたいと思う。

## 5-6

# 副業ではない！
# ハイブリッド診断士の利点を活かした活動

## （1）ハイブリッド診断士とは

### ①真剣な活動にメインもサブもない

診断士登録後の活動の仕方として、経営コンサルタントとして独立する独立型と企業に勤務し続ける勤務型がある。前者を独立診断士、後者を企業内診断士と呼ぶ。

企業内診断士の場合、勤務先での業務の一環として診断士活動をする人もいるが、副業として勤務先の業務時間外に診断士活動をする人もいる。私は、勤務先の業務時間外に活動している企業内診断士である。

「副業」というと、サブ的な印象がある。勤務先がメインで診断士がサブという位置付けになる。しかし、真剣に取り組むことに、メインもサブもない。私は、どちらも重視している。猛勉強をして手に入れた診断士の活動をサブ的に扱われるのが受け入れがたい気持ちもある。

「ハイブリッド」の定義は、「異種のものの組み合わせ・掛け合わせによって生み出されるモノ」である（『weblio辞典』）。そこで私は、勤務先の企業内の業務と、企業外の診断士活動の両輪で活動している診断士を、「ハイブリッド診断士」と呼ぶことにした。

言葉の響きとして、「副業」よりも「ハイブリッド」の方が、前向きで向上するイメージがあり、気分がいいからである。

### ②ハイブリッド診断士のメリット

企業内診断士であれば、経済的、業務・労務的に安定する。勤務先から収入が得られ、生活が安定する。また、福利厚生を活用できる、保険料や交通費は勤務先が負担してくれる、スタッフ系の業務は担当部署にお任せできる、備品が支給

### 図表 5-6-1　ハイブリッド診断士・独立診断士のメリットとデメリット

| | ハイブリッド診断士 | 独立診断士 |
|---|---|---|
| メリット | 収入と就業が安定し、生活が保障される。<br>勤務先に交通費、保険料などを負担してもらえる。<br>勤務先の福利厚生を利用できる。<br>スタッフ業務はスタッフに任せられる。<br>収入を伴わない活動が行いやすい。 | 時間的な制約がなく活動できる。<br>協会等で診断士の仕事を振られる場合に優先される。 |
| デメリット | 診断士活動に時間的な制約があり、短期的で大きな仕事に単独では着手しにくい。 | 就業が安定せず、交通費、福利厚生、保険料などは自己負担である。<br>スタッフ業務を自身で行わなければならない。 |

される、業務のリスク（責任）が低減される、不景気でも雇用保障してもらえる…。しかし、独立したら、これらのことはすべて自分自身で背負うことになる。

　副業というと、謝金をいただき収入がある業務をイメージするが、診断士活動は収入が伴わない場合も多い。企業内診断士は、本業での収入があるため、収入が伴わない活動を行いやすい環境にある。

　ネットワークを広げる活動や勉強などは、お金だけでなく時間も必要である。ハイブリッド診断士であれば、生活費の心配はせずに、収入を伴わない活動を含め、さまざまな診断士活動に打ち込める。そして、独立に備え、安心して経験を積むことができる。

### ③ハイブリッド診断士のデメリット

　診断士活動は業務時間外となるため、時間的制約がある。短期的で大きな仕事に単独では着手しにくい。企業内の業務に加えて仕事が増え、休暇が減る。

　また、診断士の仕事は、独立診断士を中心に振られがちである。専門家として診断士が募集される時、独立診断士であることが要件の場合がある（経験値として、独立（開業）してから5年以上などの要件がある場合がある）。

## （2）企業内の活動で自分を試す

　私はIT企業に勤務しており、勤務先では診断士の資格は自己啓発的な位置付けである。とはいえ、診断士資格取得のために勉強してきたことは無駄になっておらず、論理的思考や経営者視点の検討や提案が行えるようになり、企業内での業務に活かされている。

### ①ツールの活用

　診断士活動でよく登場するツール（フレームワークともいう）として、SWOT分析、PEST分析などがある。こうしたツールを活用すると、「MECE」（ミッシー）という思考法により「モレなく、ダブリなく」ロジカルシンキングが行える。

　勤務先では、前任者から受け継いだやり方がある。もちろん、時とともに進化し改善しているが、往々にしてMECEではない。そのような視点がなく、ダメだったら改善するという昔ながらのやり方である。

　ツールを学び、知識はあっても、実際にやってみようとするとなかなか思うようにはできないものである。何でもそうであるが、何回かやっていくうちにできるようになる。その「何回かやる」ことが、給料をもらいながら実践できる。試行錯誤の時間がとられる場合もあるが、それが活用できるようになり、他の人にも伝えられれば生産性が向上し、勤務先にも貢献できる。

### ②経営的視点

　私は、システム提案、システム設計に携わる業務を行っていた。こうした業務を行う時、経営者的な視点があると、提案内容、設計に活かせる。

### ③もう一歩が踏み出せる

　フレッシュ診断士研究会で学んだミーコッシュ革命の「5つのトラ退治」を常に意識している。独立する際には、企業にいた時のトラを退治せよというものだ。

　診断士の活動をしていると、トラがいることに気づかされることが多い。勤務先での仕事の進めやすさは、そのトラのおかげだったのである。

　勤務先でどれがトラなのか、何がトラになってしまった原因なのかを考えるようになった。こうしてトラを意識した発言や行動をしていると、それまでよりも

【5つのトラ退治】

・過去の知見にトラわれない

・過去の経験にトラわれない

・自分の立場にトラわれない

・今までのやり方にトラわれない

・過去のルールにトラわれない

出典：『中小企業診断士の資格を取ったら読む本』同友館

一歩前に進んで行動できるようになっていた。経験が邪魔をしたり、状況を考えすぎて足踏みしてしまったりしていたことについて、一歩進んで発言できるようになった。

## （3）企業外の活動で自分を磨く

　企業外での活動は、すべてが新鮮でワクワクするものである。勤務先で経験できないことが経験できたり、ネットワークが広がったりするさまが楽しい。同じプロジェクトに企業外の方々と一緒に取り組むと、いろいろな気づきがある。

　企業外で活動すると、企業内の組織について考えるようになる。コミュニケーション、組織風土、共通目標、貢献意欲など、どれも、企業経営理論のテキストの組織論に出てくる切り口である。また、企業外で活動していると、企業組織の利点も見えてくる。組織というのは、よくできた仕組みだと感心すると同時に、目に見えない組織の力も実感する。

　社内では、あうんの呼吸とまではいかなくても、多少説明を省いても、ある程度は内容が伝わったりするものである。診断士の活動は、異業種他社の方々との協働となる。企業内の場合より、詳細に説明する必要があることに気がつく。

　診断士になる前の試験科目の勉強も十分役に立つが、診断士として活動する経験により、さらに自分がバージョンアップしていると感じる。

## （4）最近の活動と今後の活動

### ①最近の活動状況

診断士のスキルは、「診る」、「書く」、「話す」の３つで、これらがバランス良くこなせるといいといわれている。

「診る」は、経営診断、経営支援のコンサルティング業務である。「書く」は、執筆である。執筆というと難しそうなイメージがあるが、雑誌のコラムに投稿する機会もある。もちろん、書ける内容があれば自分で、あるいは本書のような共著での書籍出版も可能である。

「話す」は、講師登壇である。わかりやすく効果的に話すスキルが必要であるが、テキストやプレゼン資料を作成したりするので、「書く」という要素も含まれる。

図表5-6-2と図表5-6-3に、登録してから2年目と3年目の私の活動を、「診る」、「書く」、「話す」に分類してみた。

2年目と3年目を比較すると、3年目はアウトプットを中心に活動していたこともあり、活動の範囲や量がかなり増え、分類の幅も増えた。

1年目は、ネットワーク作りを目標の1つにしていたので、協会の部会活動と

**図表 5-6-2　2年目の活動**

| 時期 | 活動内容 | 診る | 書く | 話す | 公的支援 | その他 |
|------|----------|------|------|------|----------|--------|
| 2月 | プロモーション支援 | | | | ○ | |
| 5月 | ものづくり補助金（審査員） | ○ | | | | |
| 7月 | 金融機関向け情報誌執筆（のれん分け） | | ○ | | | |
| 8月 | IT補助金申請 | ○ | | | | |
| 9月 | ものづくり補助金（審査員） | ○ | | | | |
| 9月 | 経営診断 | ○ | | | | |
| 11月 | スーパー、店舗診断 | ○ | | | | |
| 12月 | フレ研執筆（合格・資格活用の秘訣） | | ○ | | | |

図表 5-6-3　3 年目の活動（一部抜粋）

| 時期 | 活動内容 | 診る | 書く | 話す | 公的支援 | その他 |
|------|----------|------|------|------|----------|--------|
| 1 月 | スーパー、店舗診断、働き方改革支援 | ○ | | | | |
| 4 月 | ものづくり補助金（審査員） | ○ | | | | |
| 5 月 | 新型コロナウイルス融資あっせん | | | | ○ | |
|       | 新型コロナウイルス、テレワーク助成金 | | | | ○ | |
| 7 月 | 研究会講師登壇 | | | ○ | | |
|       | 金融機関向け情報誌特集執筆（経営課題・5S） | | ○ | | | |
| 8 月 | FC 支援塾（講師） | | | ○ | | |
|       | ものづくり補助金（申請） | ○ | | | | |
| 9 月〜<br>10 月 | 執筆（調査会社 J 社） | | ○ | | | |
|       | 大学発スタートアップ型ベンチャー創業支援塾講師 | | | ○ | | |
| 11 月 | 金融機関向け情報誌特集執筆（経営課題・在庫管理） | | ○ | | | |
|       | セミナー講師（商圏分析、分析ツール） | | | ○ | | |
| 12 月 | 顧客調査 | ○ | | | | |
|       | フレ研執筆（合格・資格活用の秘訣Ⅱ） | | ○ | | | |

研修会に参加した。イベントにも積極的に参加し、ひたすら名刺を配り、名前と顔を覚えてもらうようにした。そのかいあってか、2 年目、3 年目の活動は、紹介によるものがほとんどである。

### ②今後の方向性

　先輩診断士から、「何でもできる」ではなく、「専門性を持ちなさい」とよくアドバイスされる。「何でもできる」と言われると、仕事を頼む側からすれば、何を頼める人なのか、何ができる人なのかわかりにくい。

　私の場合、まずは専門性を模索していきたい。そして、それをとっかかりにして企業のどんな課題にも対応できるようになり、企業から指名され、顧問契約を獲得したいと考えている。

# 第6章

アンケート調査からみる
フレッシュ診断士の実像

# フレッシュ診断士の資格取得と
# 資格活用の実態

## (1) アンケート調査の概要

　東京都中小企業診断士協会中央支部の「フレッシュ診断士研究会」に所属する会員を対象にオンラインアンケート調査を実施し、45名から回答を得た（アンケート協力依頼送付56名、協力率80.3%）。その結果から、資格取得と資格活用の実態を明らかにする。

## (2) フレッシュ診断士の基本属性

　最初にフレッシュ診断士の基本属性を確認すると、年齢では40〜50代が6割を占め、中心層となっている。中小企業診断協会が公表している「データでみる中小企業診断士（2016年版）」では、50〜60代が中心となっているので、比較的若めといえる。性別は男性中心であるが、女性も1割強を占める（図表6-1-1）。

　診断士登録時期については、76%が2020年、18%が2019年となっており、フレッシュ診断士の名のとおり、ほとんどが診断士になりたてである。

　現在の職業については、金融機関を除く民間企業勤務が過半数を占める一方、

### 図表 6-1-1　年代と性別

平均 49.0 歳

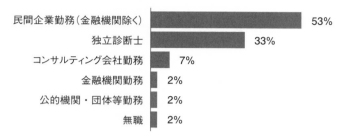

図表 6-1-2　現在の職業

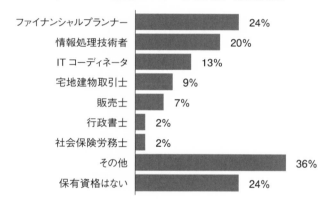

図表 6-1-3　診断士以外の保有資格（複数回答）

独立診断士は約３割を占める（図表 6-1-2）。

　また、フレッシュ診断士の大半が、診断士以外の資格も保有している（**図表 6-1-3**）。保有資格のトップはファイナンシャルプランナーで、情報処理技術者や IT コーディネータなどの IT 関連資格が続く。その他には、キャリアコンサルタントや日商簿記等があがっている。

## （3）資格取得の実態

　フレッシュ診断士が診断士を目指した理由は、「経営全般の勉強を通してスキルアップを図りたいと思った」がトップとなっている。また、「中小企業の経営

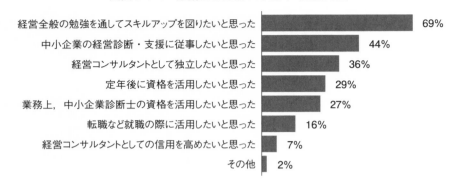

図表 6-1-4　診断士を目指した理由（複数回答）

経営全般の勉強を通してスキルアップを図りたいと思った　69%
中小企業の経営診断・支援に従事したいと思った　44%
経営コンサルタントとして独立したいと思った　36%
定年後に資格を活用したいと思った　29%
業務上，中小企業診断士の資格を活用したいと思った　27%
転職など就職の際に活用したいと思った　16%
経営コンサルタントとしての信用を高めたいと思った　7%
その他　2%

診断・支援に従事したいと思った」、「経営コンサルタントとして独立したいと
思った」も約4割を占める（図表6-1-4）。

　勉強法については、「過去問題集」の利用が6割強でトップとなっているほか、
「受験予備校の講座（通学）」も約6割で広く利用されていた。また、回答者は1
人当たり平均2.2個の項目を選んでいることから、多くが複数の手段を組み合わ
せて勉強した様子がうかがえる（図表6-1-5）。

　次に、診断士資格を取得するために重要だと思った行動や考え方について、フ
レッシュ診断士が残したコメントをいくつか紹介する。「資格取得後のビジョン
を持つこと」、「あきらめないこと」、「継続的な勉強」等のコメントが比較的多く
みられている。

図表 6-1-5　勉強に主に利用したもの（複数回答）

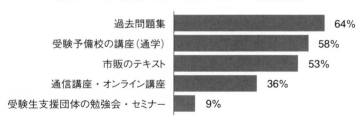

過去問題集　64%
受験予備校の講座（通学）　58%
市販のテキスト　53%
通信講座・オンライン講座　36%
受験生支援団体の勉強会・セミナー　9%

・資格取得後、自分がなりたい姿を強く描けていること。そうでないと試験勉強が続かないのではないかと思う

・資格取得後の姿を想像し、モチベーションを保つこと

・強い意志、1度や2度落ちたからといってあきらめない心

・毎日勉強することに尽きる。ゼロの日を作らないこと

・計画を立てて勉強を進めること。少しでも良いので毎日継続的にやることが重要

なお、資格の取得方法では、2次試験合格が約6割、養成課程修了が約4割となっている。

## （4）資格活用の実態

フレッシュ診断士の活動の場所や形態をみると、「民間企業や事業者と直接行う活動（民民の活動）」が4割弱でトップとなっており、診断士同士のつながりによる「他診断士の手伝い／他診断士との協業」が約3割で続いている。一方で、その他の具体的内容から、「まだ活用できていない」とするフレッシュ診断士も複数含まれていることがわかる（図表6-1-6）。

具体的な仕事の内容では、「補助金・助成金申請支援」が4割を超えてトップである。新型コロナ感染症対策として、政府が中小企業向けの支援を拡大してい

**図表6-1-6　診断士活動の場所や形態（複数回答）**

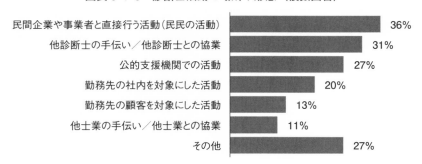

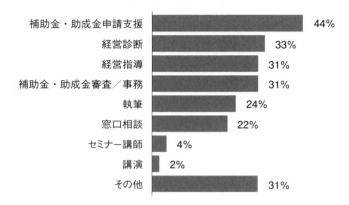

図表 6-1-7　具体的な仕事の内容（複数回答）

| | |
|---|---|
| 補助金・助成金申請支援 | 44% |
| 経営診断 | 33% |
| 経営指導 | 31% |
| 補助金・助成金審査／事務 | 31% |
| 執筆 | 24% |
| 窓口相談 | 22% |
| セミナー講師 | 4% |
| 講演 | 2% |
| その他 | 31% |

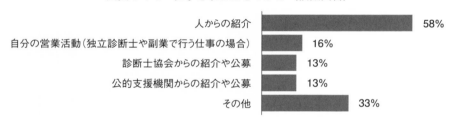

図表 6-1-8　仕事を取れたきっかけ（複数回答）

| | |
|---|---|
| 人からの紹介 | 58% |
| 自分の営業活動（独立診断士や副業で行う仕事の場合） | 16% |
| 診断士協会からの紹介や公募 | 13% |
| 公的支援機関からの紹介や公募 | 13% |
| その他 | 33% |

ることが背景にあると思われる。また、「経営診断」、「経営指導」は約3割となっている（**図表 6-1-7**）。そうした仕事が取れたきっかけをみると、「人からの紹介」が約6割で際立つ結果となっている（**図表 6-1-8**）。

　フレッシュ診断士でも多くを占める企業内診断士がどのように資格を活用しているかをみると、7割近くが「自分の業務の改善」に資格を役立てている。また、過半数が「副業」で活用している（**図表 6-1-9**）。

　活動がどのくらいの収入につながっているのかをみると、約4割がまだ収入につなげられていない。一方で、回答者の約3割が独立診断士であることや、企業内診断士にも副業が浸透していること等により、収入をあげているフレッシュ診

図表 6-1-9　企業内診断士の資格活用（複数回答）

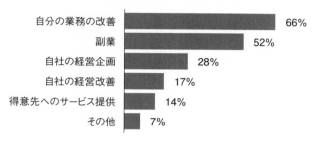

図表 6-1-10　診断士活動から得られる平均月収の分布

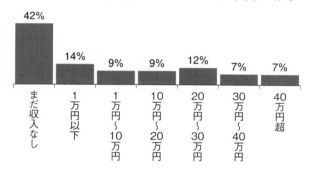

断士が過半数となっている。なお、収入の大きさは、人によってかなりバラツキがある（**図表 6-1-10**）。

　最後に、日々の仕事に資格を活用するメリットや方法について、フレッシュ診断士が残したコメントをいくつか紹介する。

・相手の課題を、幅広い視点から捉えられるようになった

・経営視線を持って業務を行うことができるようになった

・経営企画をすすめる上で業務全般の基礎知識として活用できている

・取得した知識を顧客への提案やチームの動機づけに使っている

・現行業務分析（As-Is）や将来業務設定（To-Be）を担当する際に、中小企

業診断士資格があると、お客さまが安心され業務の迅速化にもつながると感じる

## （5）さらなる資格活用に向けた行動・考え方

今後のさらなる資格活用のために重要だと思うことについて、フレッシュ診断士が残したコメントをいくつか紹介する。

・診断士同志や他士業を含めたネットワークを広げること、自身の能力を高めること

・今後ともニーズが増えてくる事業承継や再生案件を円滑に解決できる能力やスキルの向上

・自分の実力を高め、経営者から必要とされる人物になること

コメント全体をみると、学びやスキルアップに関連したコメントをあげたフレッシュ診断士が17名、人脈やネットワークに関連するコメントをあげたフレッシュ診断士が10名と、相対的に多めになっている。

スキルアップや人脈形成のためにフレッシュ診断士が行っている活動をみると、スキルアップのためには「診断士協会が主催する研究会・勉強会」がよく利用されている（**図表6-1-11**）。また、人脈形成のための活動でも、「診断士協会が主催する研究会・勉強会」がよく利用されている（**図表6-1-12**）。

### 図表6-1-11　スキルアップのための活動（複数回答）

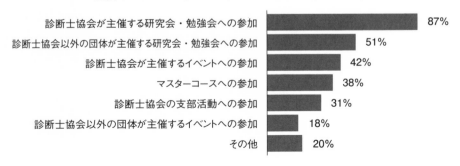

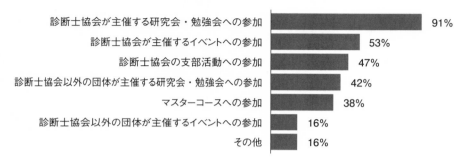

図表 6-1-12　人脈形成のための活動（複数回答）

診断士協会が主催する研究会・勉強会への参加　91%
診断士協会が主催するイベントへの参加　53%
診断士協会の支部活動への参加　47%
診断士協会以外の団体が主催する研究会・勉強会への参加　42%
マスターコースへの参加　38%
診断士協会以外の団体が主催するイベントへの参加　16%
その他　16%

## （6）アンケート全体から浮かび上がるフレッシュ診断士の実像

　フレッシュ診断士の多くが、スキルアップ、中小企業支援、独立等、それぞれがなりたい自分を思い描きながら、日々の勉強を続け、診断士資格取得を果たした様子がうかがえる。

　現状としては、新型コロナ感染拡大という社会変化の中で、人からの紹介等を通じて資格活用の機会を得る、日頃の業務に資格活用を見出すといったものが多くみられた。

　今後については、フレッシュ診断士の多くが診断士資格のさらなる活用を目指して、診断士協会が主催する研究会・勉強会等に参加し、スキルアップや人脈形成等を図っている。

　自分もフレッシュ診断士の1人として、日々の積み重ねを大事にして、診断士資格のさらなる活用につなげていこうと強く感じている。

# ミーコッシュ手法による
# 年収予測

## （1）中小企業診断士としての要素整備度を知る

　ここからは、2020年度フレッシュ診断士研究会のメンバー 56 名のうち、43 名にアンケートを行い、ミーコッシュ手法を用いて分析・集計した結果をご紹介する（**図表 6-2-1** には 21 名分しか表示されていないが、実際は 43 名の集計をしている）。ミーコッシュ手法の説明をしつつ、フレッシュ診断士たちの年収予測をしてみたい。

　ミーコッシュ手法では、以下のような項目別にインタビューを行い、評価点をつけていく。評価点の基準は、**図表 6-2-2** のようになる。

### ①マインドウェア（あり方・考え方）

・サラリーマン時代の過去の清算：指示待ち人間から能動的な人間への変化がなされているか

・成功への情熱：コンサルタントとしての責任感と、困難を乗り越え業務遂行しようとする情熱を持っているか

・成功への生き様（理念）：このビジネスを通じて、どうやって社会に貢献するのかという志を持っているか

・指南役としての行動基準：診断士として守るべき行動基準を心得ているか

・戦略ビジョン：自分が成功点に到達する戦略をイメージしているか

### ②ヒューマンウェア（やり方・スキル）

・技術：開発、生産、物流、販売、情報、財務技術に関する知見を持っているか

・手法：DD（デューデリジェンス：調査）、ソリューション（問題解決案の提示）、運用（問題解決案の運用）、出口（問題点・課題点の解決）についての手法を身につけているか

## 図表 6-2-1　フレッシュ診断士の要素整備度

ミーコッシュ年収3,000万円可能性整備度分析(Ver.6) アンケート結果　(2020.09.8)

| バリュー(大項目) | バリュー(中項目) | 平均 | 1 | 2 | 3 | 4 | 5 | 6 | 7 | 8 | 9 | 10 | 11 | 12 | 13 | 14 | 15 | 16 | 17 | 18 | 19 | 20 | 21 |
|---|---|---|---|---|---|---|---|---|---|---|---|---|---|---|---|---|---|---|---|---|---|---|---|
| 1.あり方・考え方<br>(マインドウェア) | サラリーマン時代の<br>過去の清算 | 13.1 | 16 | 20 | 8 | 12 | 12 | 16 | 12 | 8 | 12 | 16 | 16 | 8 | 20 | 12 | 20 | 12 | 16 | 8 | 8 | 16 |  |
|  | 成功への情熱 | 12.2 | 12 | 20 | 12 | 12 | 12 | 16 | 16 | 12 | 12 | 12 | 16 | 12 | 12 | 12 | 12 | 8 | 12 | 8 | 12 | 8 | 16 |
|  | 成功への生き様(理念) | 12.7 | 12 | 20 | 12 | 12 | 12 | 16 | 12 | 12 | 12 | 16 | 16 | 16 | 16 | 12 | 8 | 12 | 12 | 8 | 12 | 12 |  |
|  | 指南役としての行動基準 | 12.6 | 12 | 20 | 8 | 12 | 12 | 16 | 12 | 16 | 16 | 20 | 16 | 4 | 20 | 8 | 12 | 12 | 8 | 8 |  |  |  |
|  | 戦略ビジョン | 10.7 | 8 | 12 | 8 | 8 | 16 | 12 | 8 | 8 | 8 | 12 | 8 | 8 | 12 | 12 | 8 | 8 | 12 | 8 | 8 | 16 |  |
| 2.やり方・スキル<br>(ヒューマンウェア) | 技術(開発・生産・物流・<br>販売・情報・財務管理) | 10.4 | 4 | 12 | 4 | 12 | 12 | 12 | 8 | 8 | 12 | 16 | 8 | 12 | 8 | 8 | 12 | 16 | 4 | 8 | 8 |  |  |
|  | 手法(DD、ソリューション、<br>運用、出口) | 10.0 | 12 | 12 | 12 | 12 | 16 | 12 | 4 | 12 | 12 | 16 | 12 | 8 | 8 | 8 | 8 | 12 | 8 | 8 | 12 | 4 |  |
|  | 指南役スキル | 10.0 | 12 | 12 | 12 | 8 | 16 | 8 | 4 | 12 | 12 | 16 | 12 | 12 | 12 | 8 | 8 | 8 | 16 | 4 | 4 | 12 |  |
|  | 研修講演手法 | 9.6 | 8 | 12 | 8 | 4 | 8 | 8 | 8 | 12 | 12 | 12 | 16 | 8 | 16 | 8 | 8 | 4 | 16 | 8 |  |  |  |
|  | 調査執筆手法 | 10.9 | 8 | 12 | 8 | 8 | 12 | 12 | 8 | 8 | 8 | 16 | 16 | 12 | 16 | 8 | 8 | 8 | 16 | 12 |  |  |  |
| 3.ルール(約束・掟)<br>(コミュニケーションウェア) | 指南役としての掟 | 12.3 | 16 | 12 | 12 | 12 | 12 | 8 | 12 | 16 | 16 | 12 | 12 | 12 | 12 | 12 | 12 | 16 | 8 |  |  |  |  |
|  | 指南役の立場からの掟 | 13.1 | 16 | 12 | 8 | 12 | 12 | 8 | 12 | 16 | 16 | 16 | 12 | 12 | 12 | 12 | 16 | 16 | 8 |  |  |  |  |
|  | ビジネスメール10の掟 | 14.9 | 16 | 12 | 12 | 12 | 12 | 16 | 16 | 20 | 16 | 12 | 12 | 12 | 16 | 16 | 20 | 16 | 12 |  |  |  |  |
|  | ファシリテーションルール | 9.5 | 8 | 12 | 8 | 12 | 12 | 4 | 8 | 12 | 8 | 4 | 12 | 8 | 8 | 8 | 8 | 16 | 8 |  |  |  |  |
|  | コーチングルール | 12.2 | 16 | 12 | 12 | 12 | 12 | 8 | 12 | 16 | 16 | 4 | 12 | 8 | 12 | 12 | 16 | 16 | 8 |  |  |  |  |
| 4.知的財産権<br>(ソフトウェア) | 調査プログラム | 13.1 | 16 | 12 | 12 | 8 | 12 | 16 | 12 | 12 | 16 | 16 | 12 | 12 | 16 | 12 | 16 | 12 | 12 |  |  |  |  |
|  | 執筆プログラム | 10.9 | 12 | 12 | 12 | 8 | 8 | 12 | 8 | 8 | 12 | 12 | 12 | 12 | 12 | 8 | 16 | 8 | 12 |  |  |  |  |
|  | 研修プログラム | 9.3 | 8 | 12 | 12 | 8 | 8 | 8 | 8 | 8 | 12 | 12 | 8 | 8 | 12 | 8 | 16 | 8 | 12 |  |  |  |  |
|  | 講演プログラム | 9.0 | 8 | 12 | 12 | 4 | 8 | 12 | 8 | 8 | 8 | 8 | 8 | 8 | 8 | 12 | 16 | 8 | 12 |  |  |  |  |
|  | 実務支援プログラム | 9.3 | 8 | 12 | 12 | 8 | 8 | 12 | 8 | 8 | 4 | 12 | 12 | 12 | 12 | 8 | 16 | 8 | 4 |  |  |  |  |
| 5.体力・環境<br>(ハードウェア) | 体力(健康) | 13.6 | 12 | 12 | 12 | 4 | 16 | 12 | 16 | 12 | 16 | 16 | 12 | 16 | 16 | 16 | 16 | 12 | 16 |  |  |  |  |
|  | 事務所の立地環境 | 9.4 | 8 | 12 | 12 | 8 | 16 | 8 | 8 | 12 | 8 | 4 | 8 | 8 | 8 | 8 | 12 | 8 | 4 |  |  |  |  |
|  | コンサルタントの7つの道具 | 11.3 | 12 | 12 | 4 | 8 | 16 | 8 | 16 | 12 | 8 | 8 | 8 | 12 | 12 | 8 | 12 | 8 | 12 |  |  |  |  |
|  | 住まいの立地環境 | 11.9 | 12 | 12 | 8 | 8 | 16 | 8 | 8 | 8 | 12 | 8 | 8 | 16 | 12 | 8 | 20 | 8 | 8 |  |  |  |  |
|  | 協力者間の環境 | 9.7 | 8 | 12 | 8 | 12 | 16 | 8 | 16 | 12 | 8 | 4 | 8 | 8 | 12 | 8 | 12 | 8 | 8 |  |  |  |  |
|  | 1.マインドウェア　小計 | 61.2 | 60 | 92 | 48 | 56 | 64 | 68 | 72 | 44 | 56 | 76 | 72 | 68 | 48 | 80 | 56 | 80 | 56 | 60 | 40 | 44 | 68 |
|  | 2.ヒューマンウェア　小計 | 50.9 | 40 | 60 | 44 | 40 | 64 | 44 | 60 | 44 | 28 | 52 | 48 | 72 | 60 | 56 | 56 | 44 | 44 | 40 | 64 | 40 | 32 |
|  | 3.コミュニケーションウェア　小計 | 62.0 | 72 | 60 | 52 | 60 | 60 | 44 | 60 | 80 | 72 | 48 | 60 | 52 | 60 | 60 | 60 | 80 | 44 | 44 | 48 | 28 |  |
|  | 4.ソフトウェア　小計 | 51.6 | 60 | 60 | 60 | 36 | 44 | 60 | 44 | 44 | 52 | 60 | 52 | 52 | 60 | 48 | 80 | 48 | 60 | 44 | 28 |  |  |
|  | 5.ハードウェア　小計 | 55.8 | 72 | 60 | 44 | 40 | 84 | 44 | 64 | 56 | 52 | 40 | 44 | 56 | 60 | 48 | 48 | 36 | 48 |  |  |  |  |
|  | 合計(500満点) | 281.5 | 304 | 332 | 248 | 232 | 316 | 288 | 260 | 204 | 264 | 308 | 352 | 312 | 244 | 296 | 244 | 280 | 292 | 212 | 212 | 264 |  |
|  | 年収ランク※ | D | C | C | D | D | C | D | D | D | C | C | C | C | D | D | D | D | D | D | D | D |  |

※年収ランク　A=3,000万円以上　　B=2,000～3,000万円　　C=1,000～2,000万円　　D=500～1,000万円　　E=～500万円

・指南役スキル：経営者に対する説得力等を持っているか

・研修・講演手法：研修・講演の進め方を習得しているか

・調査・執筆手法：市場調査・分析や執筆の進め方をマスターしているか

図表 6-2-2　ミーコッシュ評価表と評価点による年収予測

| レベル（ランク） | 項目評価の基準 | 点数 | 合計点 | 年収の目安 |
|---|---|---|---|---|
| 1（E） | 評価項目に気付いていないし、努力もされていない | 4 | ～199 | ～500万円 |
| 2（D） | 評価項目に気付いているが、努力していない | 8 | 200～299 | 500～1,000 |
| 3（C） | 評価項目の改善の計画はされているが、一部しか努力していない | 12 | 300～399 | 1,000～2,000 |
| 4（B） | 評価項目の改善の計画はされているが、実行途中である | 16 | 400～449 | 2,000～3,000 |
| 5（A） | 評価項目の改善の計画がされ、実現されている | 20 | 450～500 | 3,000万円～ |

### ③コミュニケーションウェア（約束事や掟）

・指南役としての掟：秘密を守る、社員の前で叱責しない、事前相談・事後報告を怠らない等、相手を指南する上でのルールを守っているか

・指南役の立場からの掟：相談相手に対する礼儀作法や社会人としてのルール、約束事等をわきまえているか

・ビジネスメール10の掟：メールには必ず返信する、CC・BCCの使い分け、メール件名は的確にする（件名は「お知らせ」や「ご案内」ではダメである）など、ビジネスメールの送受信に関するルールを身につけているか

・ファシリテーションルール：ファシリテーションの手法を体得しているか

・コーチングルール：コーチングのスキルを実務で応用できるか

### ④ソフトウェア（知的財産権）

・調査プログラム：民間企業の出店市場調査、マクロによるマーケット調査、特殊な業界における調査等が行えるか

・執筆プログラム：執筆の企画・立案、執筆要領の作成、出版社とのコンタクト、メンバー集め（共同執筆の場合）、校正等のノウハウを持っているか

・研修プログラム：研修企画の立案、研修前の整備度調査、研修の実施、研修後の能力向上評価、次回の研修提案等について、ノウハウを持っているか

・講演プログラム：講演企画、講演アプローチ、講演実施、アフターフォロー等が行えるか

・実施支援プログラム：コンサルティングの実務支援ノウハウを習得しているか

### ⑤ハードウェア（体力・環境）

・体力（健康）：不規則な生活や運動不足、睡眠不足などで健康を害していないか（「健全なる精神は健全なる身体に宿る」と言われるように、コンサルタントは、常に健康でなければならない）

・事務所の立地環境：それぞれの立場によって異なってくるが、事務所にはある程度立地の良いところが求められる（筆者の経験では、立地の良い場所に事務所を構えた後の報酬は格段に増えた）

・コンサルタントの7つの道具：パソコン・スマホ・スケジュール表・レーザーポインター・筆記用具・印鑑・テンプレート等を持ち、使いこなせるか

・住まいの立地環境：自宅の立地環境は良好か（当初は自宅で開業すべきだと思うが、事務所を持った場合、なるべく自宅との距離は近くした方が良い）

・協力者間の環境：協力者の事務所が近くにあるか、協力者との関係は良好か、協力者のステータスはどうか

## （2）要素別のデータ収集と集計

　フレッシュ診断士たちの5つの大項目の評価を集計すると、**図表6-2-3、6-2-4**のようになる。

## （3）要素整備度からみる年収の予測

　**図表6-2-2**をもとにフレッシュ診断士たちの年収を予測・集計すると、**図表6-2-5**のようになる。

## （4）年収のランク別からの分析

　年収予測の内訳は、Aランク（3,000万円以上）とBランク（2,000万円以上

図表 6-2-3　要素整備度別評価

| 大項目 | 平均 | 最高点 | 最低点 |
|---|---|---|---|
| 1. マインドウェア | 61.2 | 92 | 32 |
| 2. ヒューマンウェア | 50.9 | 76 | 28 |
| 3. コミュニケーションウェア | 62.0 | 92 | 32 |
| 4. ソフトウェア | 51.6 | 84 | 28 |
| 5. ハードウェア | 55.8 | 92 | 36 |
| 合計 | 281.5 | 388 | 184 |
| 年収ランク | D | C | E |

図表 6-2-4　要素整備度別チャート（大項目別集計）

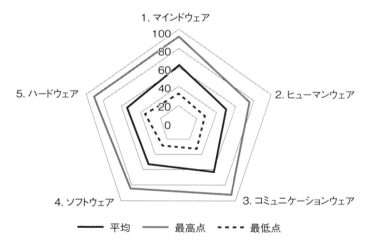

3,000万円未満）が0％、Cランク（1,000万円以上2,000万円未満）が41.9％、D
ランク（500万円以上1,000万円未満）が55.8％と一番多く、CランクとDラン
クに集中しており、Eランク（500万円未満）は2.3%となった。

図表 6-2-5　年収ランク別集計人数と比率

| 年収ランク | 人数 | 比率（%） |
|---|---|---|
| A　3,000 万円〜 | 0 | 0 |
| B　2,000 〜 3,000 万円 | 0 | 0 |
| C　1,000 〜 2,000 万円 | 18 | 41.9 |
| D　500 〜 1,000 万円 | 24 | 55.8 |
| E　〜 500 万円 | 1 | 2.3 |
| 合計 | 43 | 100 |

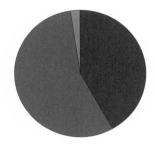

■ C　1,000〜2,000 万円　　■ D　500〜1,000 万円
■ E　〜500 万円

## （5）今後の課題

　フレッシュ診断士は、まだ、診断士試験に合格して間もない段階なので、これ
から実務経験を積むことによって、要素整備度を高めることができる。今後、あ
らゆる研究会での研修や実務従事の機会をとらえて実務能力を高めていけば、年
収 3,000 万円への道が開けてこよう。

# 執筆者略歴

## 《編著者》

**小林勇治**（こばやしゆうじ）（はじめに、第6章—2担当）

明治大学専門職大学院グローバルビジネス研究科修了（MBA）、中小企業診断士、ITコーディネータ、日本NCR(株)に17年勤務後、IT経営革新コンサルとして独立。2004年から2017年まで早稲田大学ビジネス情報アカデミーCIOコース講師、(株)ミーコッシュ経営研究所所長、元（一社）中小企業診断協会副会長、（一社）日本事業再生士協会理事、2010年から2017年まで東京都経営革新優秀賞審査委員長、日本で一番大切にしたい会社大賞審査員。著書・編著書『中小企業の正しいIT構築の進め方』（同友館）ほか164冊。

## 《著者》

**勝目　猛**（かつめたけし）（序章—1担当）

中小企業診断士。学習院大学理学部数学科卒業後、(株)日立製作所に入社。学生時代の野球部副将経験を活かし、リーダーとして国内外のさまざまなプロジェクトを牽引。東京都中小企業診断士協会中央支部の第1回講師オーディションや社内のアイデアコンテストで優勝。経営者に寄り添うことが信条。

**渥美孝明**（あつみたかあき）（序章—2担当）

静岡県浜松市出身。東京理科大学理学部第一部応用化学科卒業。郵政省、(株)ゆうちょ銀行にてシステム企画・調達・運用、プロジェクトマネジメント業務に携わる。2019年に退職。2020年に中小企業診断士登録、日本生産性本部認定経営コンサルタントを取得。現在は、独立診断士として活動中。

**菊池　寛**（きくちひろし）（第1章—1担当）

東京農工大学工学部機械工学科卒業後、住友スリーエム(株)(現・スリーエムジャパン(株))に入社。エンジニアリング部門、開発プロジェクト、工業製品製造部門、医療用製品マーケティング部門の業務に従事。退職後、2019年春に中小企業診断士登録。日本生産性本部認定経営コンサルタント、ITコーディネータ、MBA。

● 執筆者略歴 ●

**松本　崇**（まつもとたかし）（第1章—2担当）
東京大学経済学部経営学科卒業後、三菱地所(株)に入社。オフィスビル部門にて営業や事業企画を担当した後、J-REITのIR室長を務める。2020年、中小企業診断士登録。同年、個人事業主としてpfworkを創業。会社員として勤めながら、経営支援・プロジェクト支援などの診断士活動を行っている。

**福井健介**（ふくいけんすけ）（第1章—3担当）
愛知県豊橋市出身。静岡大学人文学部法経学科卒業。(株)太陽神戸銀行（現・(株)三井住友銀行）入行、関東・関西地区の営業店と本部業務に従事。その後、取引先繊維メーカーに出向・転籍し、財務経理を主に管理部門と中国合弁子会社総経理に従事する。退職後、2020年11月に中小企業診断士登録。

**荒川龍一**（あらかわりゅういち）（第1章—4担当）
東京都出身。東京大学大学院工学部卒業（建築学修士）。三菱地所(株)入社。旧設監部門にて建築設計、企画設計、都市デザイン、設計コンペ等に従事。1級建築士、ハーバード大学大学院デザインスクール卒業（MDeS修士）、中小企業診断士、事業承継士、グロービス経営大学院卒業GDBA（MBA同等）。

**竹ノ内昌樹**（たけのうちまさき）（第1章—5担当）
北海道札幌市出身。小樽商科大学商学部卒業後、(株)富士通エフサスに入社。社会基盤システムの保守運用業務に従事。2020年に法政大学経営大学院を修了後、富士通(株)へ転社し、データサイエンティストとしてデータ分析業務に従事。MBA（経営情報修士）、中小企業診断士、ITコーディネータ。

**佐藤勇樹**（さとうゆうき）（第2章—1担当）
1994年7月10日、東京都江戸川区生まれ。2020年4月、中小企業診断士登録。千葉商科大学・学部出身初の中小企業診断士登録者。(株)大塚商会営業（執筆当時）。

**菅野善寛**（かんのよしひろ）（第2章—2担当）
千葉県柏市出身、立教大学理学部物理学科卒業。2002年、NECネクサソリューションズ(株)入社。生産管理システムのアプリケーションSEを経験し、現在は製造業種の法人営業を担当。2020年、中小企業診断士登録。東京協会中央支部、生産革新フォーラム（MIF研）所属。

**佐野直人**（さのなおと）（第2章—3担当）
熊本県出身、西南学院大学法学部法律学科卒業。1994年郵政省入省。2007年の民営分社化以後は、グループ病院の運営管理やコンプライアンス推進、個人情報・機密情報の管理業務に従事。2020年11月、中小企業診断士登録。

**林原昇平**（はやしばらしょうへい）（第2章—4担当）
広島県尾道市出身、和歌山大学システム工学部環境システム学科卒業。2003年に(株)エフピコに入社し、法人営業に従事。2020年5月、中小企業診断士登録。経営管理指導士2級。東京協会中央支部所属、みんプロ塾7期。湧水の街・東京都東久留米市在住。

**池尻直人**（いけじりなおと）（第2章—5担当）
東京都小平市出身、一橋大学大学院経営学修士コース修了後、(株)ブリヂストンに入社し、商品企画、技術センター、米国子会社、品質管理、環境・サステナビリティ、コーポレート・ガバナンスなどを経験。現在は、全社経営戦略立案・遂行関連業務に従事。2020年10月、中小企業診断士登録。

**渡辺英史**（わたなべひでふみ）（第3章—1担当）
福岡生まれ熊本育ち、上智大学文学部卒。1989年、(株)読売新聞社（現・東京本社）入社。広告マーケティング調査、デジタルメディア推進、データベース事業等に携わる。2018年から(株)エレクトロニック・ライブラリー取締役。司書（有資格）、2020年5月、中小企業診断士登録、東京協会城東支部所属。

**齋藤昌平**（さいとうしょうへい）（第3章—2担当）
東京都出身、立教大学経済学部卒業。メーカー2社で約9年半、総務部、人事部、経営企画部、広報部にて業務に携わった後、2014年に(株)イノメディックスに入社し、総務部にて固定費の大幅な節減や業務効率改善等を含む広範にわたる管理業務に従事。2020年、中小企業診断士登録。

**鎌田　徹**（かまだとおる）（第3章—3担当）
神戸大学工学部機械工学科卒業。1983年、(株)富士通研究所に入社し、ロボットや情報システムの研究開発に従事。2011年、富士通(株)に移り事業化を推進。2017年からコンサルタント職として大企業の業務改革を支援、2020年にユアラボを開業し中小企業の支援にも取り組む。中小企業診断士。

**岡田英二**（おかだえいじ）（第3章—4担当）
東京工業大学大学院化学工学専攻修士課程修了。1995年、三菱ガス化学(株)に入社し、新潟研究所、サウジメタノールカンパニー出向を経て、現在は企画開発部で研究開発や事業開発の推進業務に従事。2020年5月中小企業診断士登録。共著書『シェールガス開発と化学プロセス』（CMC出版）ほか。

**府川聡治**（ふかわそうじ）（第4章—1担当）
埼玉県川越市出身、早稲田大学大学院商学研究科修了（MBA）。東洋インキSCグループ(株)、(株)バルカーにて新会社立ち上げを含む約10年間の海外駐在を経験後、中小企業診断士として独立。日本生産性本部認定経営コンサルタント、1級FP技能士、マンション管理士ほか。

**音辻哲也**（おとつじてつや）（第4章—2担当）
1989年、オリックス・クレジット(株)に入社。勤務30年間で融資・回収・リスク管理等の業務に従事。千葉商科大学大学院中小企業診断士養成コース専攻を修了し、2020年4月、中小企業診断士登録。宅地建物取引士、貸金業務取扱主任者、個人情報取扱主任者ほか。千葉県野田市在住（氏のルーツは長崎県）。

**福田大真**（ふくだだいしん）（第5章—1担当）
法政大学経営大学院イノベーション・マネジメント専攻（MBA／経営情報修士）修了。中小企業診断士、行政書士、情報処理技術者（SD）、ITコーディネータ、(株)モコカコンサルティング代表取締役、行政書士福田経営法務事務所代表、プロジェクトマネジメント学会会員。

**舩越玲子**（ふなこしれいこ）（第5章—2担当）
福岡県北九州市出身、法政大学経営大学院イノベーション・マネジメント専攻修了。2006年、オフィスレゾネイトを設立し代表就任。Web制作を通して中小企業の販路開拓・売上拡大に従事。2020年、中小企業診断士登録。ITコーディネータ、経営管理修士（MBA）。

**青木　薫**（あおきかおる）（第5章—3担当）
法政大学経営大学院イノベーション・マネジメント研究科修了。中小・大企業にて、長年経理業務に携わる。(株)アビリティーマネジメント代表取締役、経営学修士（MBA）、中小企業診断士、ITコーディネータ、JIIMA認定文書情報マネージャー、日商簿記1級。

**藤田有貴子**（ふじたゆきこ）（第5章—4担当）
中小企業診断士、国家資格キャリアコンサルタント。金城学院大学非常勤講師。慶應義塾大学大学院経営管理研究科修了後、シンクタンクで行政実証実験の事業化（NPO法人立上げ）に従事後、ベンチャー企業等の企画職を経て、2020年11月よりフリーランス。スタートアップ企業や新規事業における補助金など公的支援をドメインとする。

**山本一臣**（やまもとかずおみ）（第5章—5担当）
静岡県沼津市出身、東京理科大学大学院工学研究科機械工学専攻修了。1992年、NTTデータ通信(株)（現・(株)NTTデータ）入社。決済システムのSEとして従事後、経営企画部門に異動。以降は、経営を専門とするスタッフとして従事する。2007年、中小企業診断士登録。

**福田まゆみ**（ふくだまゆみ）（第 5 章—6 担当）
東京都出身、2018 年、中小企業診断士登録。1993 年に、(株)システ
ム・サービス・センター（現・スターゼン IT ソリューションズ
(株)）入社。システムエンジニア、プロジェクトマネージャーとして
Web システムによる他システム連携や業務効率化に従事。

**吉本　賢**（よしもとまさる）（第 6 章—1 担当）
法政大学経営大学院イノベーション・マネジメント研究科卒業。イプ
ソス(株)、(株)インテージ、(株)カンター・ジャパンで計 10 年以上
マーケティングリサーチに携わったのち、中小企業診断士を目指して
2018 年に独立。2020 年 5 月、中小企業診断士登録。

2021 年 4 月 10 日　第 1 刷発行

フレッシュ中小企業診断士による
合格・資格活用の秘訣 II

© 編著者　小　林　勇　治

発行者　脇　坂　康　弘

発行所　株式会社 同友館

〒113-0033 東京都文京区本郷 3-38-1
TEL.03 (3813) 3966
FAX.03 (3818) 2774
https://www.doyukan.co.jp/

落丁・乱丁本はお取り替えいたします。
ISBN 978-4-496-05535-5

三美印刷／松村製本所
Printed in Japan